高职教育心理学与心理健康研究

欧阳鸣 ◎ 著

吉林出版集团股份有限公司

图书在版编目（CIP）数据

高职教育心理学与心理健康研究 / 欧阳鸣著. — 长
春：言林出版集团股份有限公司，2021.11
ISBN 978-7-5731-0665-0

Ⅰ. ①高… Ⅱ. ①欧… Ⅲ. ①大学生－心理健康－健
康教育－高等职业教育－教材 Ⅳ. ①G444

中国版本图书馆 CIP 数据核字 (2021) 第 235989 号

高职教育心理学与心理健康研究

著　者	欧阳鸣
责任编辑	陈瑞瑞
封面设计	林　吉
开　本	787mm×1092mm　　1/16
字　数	190 千
印　张	8.75
版　次	2021 年 12 月第 1 版
印　次	2021 年 12 月第 1 次印刷
出版发行	吉林出版集团股份有限公司
电　话	总编办：010-63109269
	发行部：010-63109269
印　刷	北京宝莲鸿图科技有限公司

ISBN 978-7-5731-0665-0　　　　　　　　　　定价：78.00 元

前　言

　　教育心理学是一门以学校为基本背景展开的把基本心理学与教学方法相互结合的社会心理学，是教育学与心理学的交叉学目，它既包括学校教育心理学，也包括家庭和社会教育心理学。狭义来看，教育心理学则专指研究学校情境中的各种心理与行为的科学，在教育过程中教师往往会运用教育心理学来对学生进行适当教育，做到因材施教，并改良自身的教学方针，调动学生学习的积极性，帮助学生解决在学习和成长路上的各种困难。

　　在教育实践过程中教师往往会运用教育心理学来对学生进行适当教育，做到因材施教，并改良自身的教学方针，调动学生学习的积极性，帮助学生解决在学习和成长路上的各种困难。

　　在教育过程中，由于每一个被教育者的天赋资质不同，传统教育通常一视同仁，对每一个人都采用相同的教育方法，这样对被教育者所产生的益处并不多。而教育心理学主要采用因材施教，教育者充分地了解学生的个性特点、学习能力，这样才能对不同的被教育者采用不同的教育方式，提出不同的要求，使得教育发挥出最大的作用。

　　在面对不同的课程时，采用不同的教学方案与教学方法对于不同学科都会产生巨大的影响，从教学内容上，在面对文学类科目时，幽默风趣的教学风格会使原本枯燥乏味的课堂变得引人入胜，在面对理科科目时，采用动手操作的教学方案不仅会让学生有良好的实际操作能力，而且更加具有探索性，有利于开拓学生脑力与视野。在教学方案上，要由浅入深、循序渐进，对有难度的知识可以采取分散难点的方法。只有教师与教学方法进行匹配，才能取得良好的教学效果。

　　自信心是学生健康成长的必备条件，对学生树立良好的目标有着巨大影响。教师在面对学生时，无论是成绩优秀还是成绩落后，都应该一视同仁，对其抱有期望，尊重学生，让学困生不会产生不如别人的自卑感，使学生的精神状态得到提升，心情愉快了，对学习就自然感兴趣，从而使得学生的自觉性、积极性也得以提高。在课堂上也要给予每一个学生实践的机会，让学生体验到成功的喜悦，让他们的信心在快乐中得到更好的巩固与提升。

欧阳鸣

2021 年 3 月

目　录

第一章　教育心理学基本概述

第一节　教育心理学的内涵与性质

教育心理学是研究教育教学情境中学与教的基本心理规律的科学，是心理学和教育学的交叉学科。教育心理学通过揭示受教育者在教育影响下形成的心理特征和道德品质、掌握的知识技能以及发展智力、体力的心理活动规律，为提高教育和教学质量提供了心理学依据，对受教育者的心理、个性差异问题以及教育者应采取的对策提供了科学依据。

一、教育心理学的内涵

教育心理学从教育的系统论观点出发，科学阐述学生学习的基本规律及其在教学领域的应用，从而使教师深入理解学习理论的发展演变、学生学习的主要规律、有效教学的促进原则等基本问题，树立"以学论教"的教学观。

二、教育心理学的性质

（一）教育心理学的科学性质

教育心理学首先是一门科学，必须遵循科学的普遍法则。科学是指有组织、有系统的知识和学问，即发现事物真相、探求原理和规律的知识学问体系。以前主要是指西方文艺复兴以来出现的探索知识、学问的一种新方式，也就是指由伽利略开创的、牛顿奠基的科学原理和方法体系，近代自然科学强调以实验和数学的方法观察总结客观事物发展过程中具有普遍性的本质及联系。现代科学的观点已经有了明显的调整和改变，即不再仅仅局限于单纯的自然科学研究活动。

在现代社会中，科学总是由丰富多彩的学科组成的。正像完形主义的代表考夫卡所讲，没有学科也就没有科学，科学就会失去价值意义。例如，数学和物理学可以说是世界上最美的两门科学，但如果只有这两门科学，其他的均算不上科学，或者说全世界的大多数人都去从事数学、物理学事业，那么，也就不会有近现代人类社会日新月异的繁荣进步。目前全世界共有1300多门公认的学科，其中人文科学、社会科学、教育科学、心理科学也是一分重要的科学组成部分。人既是自然的生物，更是社会的动物，也是教育的产物。为了人类的幸福生活、保证社会公平正义，离不开包括教育心理学在内的人文社会科学和教育科学的研究成果的支撑及推动。只要按照科学的观点和范式探索总结知识学问及技术，也就是以实事求是的态度和方法开展研究活动，均属于科学的门类范畴。教育心理学正是这样一门用科学的观点和方法即范式，研究教育活动中相关的心理现象、心理事实及其规律的知识学问体系。

现代科学研究是一种范式研究，也就是以一定的框架、范式结构开展学术研究活动。科学家与教育家有许多共同的地方，其共同之处在于这两种类型的学者都强调以实事求是的态度方法，总结规律、探求真理。同时也有许多不同之处。教育家们在重视科学精神的前提下，提倡科学与民主精神的统一。以民主宽容的作风，将精心培育与自由成长紧密结合起来。"提倡教育家办学"，就是讲要尊重教育规律，促进学生的身心健康和全面发展。

（二）教育心理学的学科性质

任何一门学科的性质都与其研究对象密切联系，学科的研究对象规定了其内容体系并决定了这门学科的性质特点。教育心理学的学科性质影响着教育专业人才的培养体系和实践提高问题。因为从学科制度建设来进行职业、专业制度培训建设，是现代社会发展的基本趋势。美国著名心理学家、诺贝尔经济学奖获得者西蒙说得好，19世纪中期以来，任何职业活动都需要专业工作者，"许多发明创造再也不可能是业余爱好者了"。因此，了解教育心理学这门学科的特殊性质，对于我们认识和理解从事教育职业活动的艰巨复杂性将会有一定的帮助。

教育心理学的研究对象是教育活动中的心理现象和规律，并根据这些规律研究如何有效地指导学与教的活动。从这个定义出发来看，"教育心理学应该是一门基础科学和应用科学并重的学科。教育心理学作为心理学的分支学科具有较强的理论性，作为指导教育实践活动的学科又具有鲜明的实践性和应用性"。一般来讲，心理学具有两个学科的特性：一是自然科学属性；二是社会科学属性。教育心理学也具有实验科学和应用科学这两方面的科学性质。教育现象的高度复杂性决定了教育心理学研究的复杂性。

1. 教育心理学是一门应用性很强的分支学科

教育心理学既是一门基础学科，更是一门实践性很强的应用学科。重视将心理科学应用于学校教育、学生的学习和作业活动之中也是学术界长期以来努力的方向。当然，要把科学知识变成教育实践以及把教育实践变成检验科学理论的研究方法，也存在着许多需要进一步研究和加以解决的难题。教育心理学研究面临学校教育实际的最大挑战之一是："怎么样又快又好地把学生的学习成绩抓上去？"而支撑心理学的科学基础又不成熟，许多教育心理学的应用推广工作很难长期坚持下去。因此，造成了目前国内外的教育心理学研究普遍注重基础研究的倾向。

2. 教育心理学是一门综合学科

教育心理学兼有自然科学和社会科学的性质，是一门介于自然科学与社会科学之间的跨界学科。因此，将教育心理学说成一门交叉科学、边缘科学，是比较适合的。但是一般这一类型的学科均是小学科，而且学术社会地位比较低，因而也有不少学者并不主张将教育心理学的学科性质进行这样的定位。教育心理学面临的研究内容和问题类型特别多，基本上可以概括为两种范式：一种是外推的基础研究范式，即将心理学的原理和学说直接用来设计学习条件和课堂教学实践，强调实验室研究结果和有关抽象理论概念的直接应用；另一种是具体学科教学范式，如语文教学心理学、外语教学心理学、数学教学心理学等。

（三）教育心理学与其他学科的关系

1. 教育心理学与教育学的关系

教育心理学与教育学有着密切的关系。教育学和教育心理学共同关心教育与发展的关系，教育如何促进学生的认知能力、道德品质的发展，教学设计和教学评价等内容，但是两者的侧重点有所不同。从研究内容上看，教育学研究的是教育现象中宏观性的问题，像教育本质、教育目的、教育制度、教育原则、教育方法、学校领导与教育管理。而教育心理学则着重研究教育活动中比较具体微观性的问题，教育心理学在这些方面与教育学有相互联系交叉的地方。无论是从事教育学研究，还是教育心理学研究，都必须掌握一定的教育心理学和心理学知识。

2. 教育心理学与其他心理学分支学科的关系

教育心理学与其他心理学分支学科有着密切的关系，其中普通心理学、发展心理学、认知心理学、社会心理学以及心理测量等学科对教育心理学的影响尤为显著。

普通心理学是心理学的基础学科，它研究心理学基本原理和心理活动的一般规律，涉及广泛的领域，包括心理的实质和结构，心理学的体系和方法论问题以及感觉、知觉、注意，学习与记忆、思维，情绪情感和动机，个性心理与人格等一些基本的心理现象及其有关的生物学基础。因此，普通心理学即"普遍通用"的心理学，而并非"普普通通"之意，其具有心理学导论的性质。普通心理学阐述心理学的基础理论，揭示正常成年人在认识、情感、意志和个性等方面的一般规律。普通心理学既概括心理学各分支学科的研究成果，又为各分支学科提供理论基础。对于学习心理学的人而言，普通心理学是入门学科，也是奠基学科。公共课心理学基本上是普通心理学的缩影。

发展心理学主要研究个体心理的发生与发展，研究新生儿到青年期直至老年不同年龄阶段的心理特点的发展变化规律。发展心理学分为儿童心理学、少年心理学、青年心理学、成年心理学和老年心理学。发展心理学探讨心理过程的年龄特征、智力发展的年龄差异、个性发展的因素等方面的可靠指标，以确定在教学过程中使智力和个性得到有效发展的条件。发展心理学是教育心理学的理论基础之一。

认知心理学是当前心理科学发展的前沿性主战场，以信息加工与计算机模拟的观点研究人类的认知活动过程的心理学分支。认知心理学关注的是发生在人的内部心理世界的活动，如人的心理活动的表征方式、认知活动的加工执行程序等问题。认知心理学是目前发展变革最为迅速的心理学学科分支。近20年来，国内外的教育心理学的理论体系基本上是按照认知心理学的研究范式建构起来的。认知心理学的理论与实验成果已经成为当代教育心理学的发展主流。

第二节　教育心理学的起源与展望

一、我国教育心理学的起源

（一）新中国成立前西方教育心理学在我国的传播

心理学是来自西方的一门学科，它的诞生以德国心理学家冯特于1879年在莱比锡建立世界上第一个心理学实验室为标志，从其学科性质上说是自然学科。随着心理学研究的不断深入，心理科学在其短短的一百多年的历史中得到了迅猛的发展，心理学的分支学科不断涌现。

教育心理学的诞生直接受到心理学独立时期达尔文的进化论、高尔顿的个别差异研究、冯特的心理实验研究以及艾宾浩斯的记忆研究的影响。机能主义者们的教育心理学思想为桑代克教育心理学理论的建立提供了理论基础。如詹姆士这位美国心理学之父，曾提出将心理学运用于教育研究的主张，并出版了有关方面的论著《与教师谈心理学》。杜威这位机能主义的代表人物则提出了自己的民主主义教育观。

教育心理学的独立以桑代克(Thorndike，E.L.)1913—1914年三卷本《教育心理学》的出版为标志(此书是桑代克在其1903年版《教育心理学》基础上扩展而成的)。为此，桑代克成为教育心理学之父。

据有关资料的分析表明，我国最早翻译的有关教育心理学方面的论著主要有：《基于心理学的教学原理》(*The Principles of Teaching Based on Psychology*)，原译名为《教育学：根据于最新心理学》，著者为桑代克，译者为美国的何乐益(Hodous，L.)，由上海广学会1918年春出版。全书分本能及能量、统觉、兴味、差异、注意、意念联合、分析、推理、德育、情感之反应、司动神经教育、普通神经之训练等16章。接着于1926年商务印书馆出版了桑代克的代表作《教育心理学概论》(*Educational Psychology*)，译者为我国著名教育心理学家陆志韦。此书共分三卷，分别论述了人类的本性、学习心理、个体差异及其起因。这标志着西方教育心理学在中国广泛传播的开始。

我国最早编著的教育心理学方面的论著主要有：《教育心理学纲要》(师范学校用书)，由舒新城编写，上海商务印书馆1922年出版。全书分为人之原始禀质、学习心理学、个性的差异三编。《教育心理学》(现代师范教科书),吴致觉著,上海商务印书馆1923年出版。内容主要包括人类本能的总述、求食、学习、习惯、恐怖、求知等。《教育心理学》,廖世承编,昆明中华书局于1924年6月出版。共分学习心理、儿童心理与个性差异三编。这些教育心理学论著显然是在参照国外有关研究成果的基础上编写而成的。它们大都成为我国最早的教育心理学方面的教科书,这为国外,特别是西方教育心理学思想在中国的传播开了先河。

到1949年中华人民共和国成立为止,我国老一辈心理学家、教育心理学家们不仅传播国外教育心理学知识,而且开展了一些研究,使我国教育心理学一度出现了繁荣景象。这期间比较著名的教育心理学研究有:高觉敷教授于1929年由上海商务印书馆出版了《教育心理学大意》专著。此书共分六章,主要论述了什么是教育、人类的基本活动及其变换、学习律、学习的进步、学习的能力与所谓智力测验、教育心理学简史等。他还于1947年、1948年由上海国立编译馆和正中书局出版了他主编的《师范学校教育心理学》(上、下册),内容主要包括个体的发展、知觉的发展、语言与思想的发展、心理卫生、学习与记忆、学习与动机、国语科学习心理、常识科学习心理等。艾伟教授编写了《教育心理学》(师范学校教科书,上、下册),1933—1937年由商务印书馆出版。主要包括刺激与反应、心理学与教育心理学、儿童智慧的发展、儿童情绪的发展、儿童语言的发展、儿童社会行为的发展、儿童食宿习惯的养成、儿童的心理卫生、母子健康等十章。1936年他由商务印书馆出版了《教育心理学实验》专著,此书为师范用书,分绪论和实验材料两部分,专门介绍了一些教育心理学的实验方法。他还于1945年编著了《教育心理学大观》(上、中、下三册)主要论述了一些心理学家的教育心理学研究成果。潘菽教授于1935年和吴绍熙一起编著了《教育心理学》一书,由上海北新书局出版。此书内容包括儿童的发展、儿童的个别差异及变态行为、学校中的学习、教师与教学、学科心理等六编共26章。萧孝嵘教授于1944年由国立编译馆出版了《教育心理学》专著,此书为部定大学用书,全书分教育心理问题及其基本研究工具、个别差异之分析、教育心理3篇,共23章,书后附有各种实验24项。

从以上研究情况来看,新中国成立前的我国教育心理学研究主要停留于借鉴西方教育心理学研究成果之上。特别是桑代克的联结论和早期行为主义的刺激—反应学习理论成为这一时期教育心理学思想的主流。应该说这一时期通过我国大批心理学家的共同努力,我国的教育心理学已与国外最前沿的研究保持着紧密的联系,并出现了初步的繁荣景象。

(二)20世纪五六十年代苏联教育心理学对我国的影响

从1949年中华人民共和国成立时起,我国教育心理学研究发生了明显的转折,这主要表现在由过去借鉴西方教育心理学研究成果转化为向苏联学习。从这时到1966年的十几年时间,我国心理学工作者全面系统地学习马克思主义、毛泽东思想,坚持以辩证唯物主义为指导,以苏联教育心理学方面的经验为蓝本,以其研究成果为依据,来确立我国教育心理学的研究方向。

这时期的主要工作表现为，首先，对西方教育心理学思想进行清理和批判，特别是对新中国成立前在我国流行的桑代克联结论以及华生行为主义等的教育心理学思想观点进行整顿，试图在"肃清西方教育心理学流毒和糟粕"的基础上，建立苏联模式的教育心理学体系。其次，我国教育心理学家们这时还努力以马克思主义为指导，结合我国的教育实际，开展独立的教育心理学方面的研究工作，为我国社会主义经济、文化建设服务。再次，我国心理学会还于1962年成立了教育心理学专业委员会，这应该说是我国教育心理学发展史上的一件大事，也标志着我国这时的教育心理学研究已进入正轨。在该会的领导下，我国教育心理学研究有了明确的方向，研究领域逐步扩大，并呈现出欣欣向荣的局面。

从这时期的教育心理学研究的内容来说，主要表现在用苏联教育心理学的研究成果来重新建立我国的教育心理学理论体系。苏联的教育心理学研究始于十月革命之后，这时苏联心理学界尝试以马克思主义基本观点来改造心理学以及教育心理学。20世纪30年代末，苏联教育心理学的发展，主要是在理论观点的探索方面。这时期比较重要的教育心理学家是维果斯基、布隆斯基和鲁宾斯坦。维果斯基认为，必须把教育心理学当作一门独立科学的分支来研究其问题。布隆斯基的重要贡献在于他强调儿童的个性统一性以及对儿童心理进行整体的综合研究。鲁宾斯坦的贡献在于确立了心理与活动相统一的原理。40年代至50年代末，苏联教育心理学的特点是重视结合教学与教育实际的研究，广泛地采用自然实验法，综合研究占主导地位。但这一时期相对忽视教育心理学理论的探索，并且全盘否定西方的研究成果。

苏联教育心理学的研究具有比较鲜明的特点，那就是坚持以辩证唯物主义和马克思主义为指导，结合本国的实际开展研究，并逐步形成自己的特色，从而在国际舞台上占有一席之地。这种研究经验为我国20世纪五六十年代的教育心理学研究所借鉴。

在向苏联学习的同时，我国教育心理学研究逐步展开。有关资料表明，1962年成立教育心理学专业委员会时，我国已开展的教育心理学研究工作有二百余项。这时的研究领域涉及教育心理学的各个部分，如学习心理、德育心理、智育心理、学科心理、个别差异与因材施教、入学年龄、学习阶段的划分以及教学方法的改革等方面。

根据当时的教学需要，1962—1963年，潘菽先生带领广大教育心理学工作者编写了新中国成立以来我国第一本《教育心理学》。这本书虽然由于种种原因没能公开出版，但以讨论稿的形式在内部大量发行，我国各师范院校运用此教材相继开设了《教育心理学》课程，为我国社会主义建设培养了一大批有关方面的专业人才。

(三)1966—1976年十年动乱期间，我国教育心理学研究受到严重摧残

我国社会主义建设初期的"左"倾思想不仅影响到了我国经济发展，而且不断地侵入心理学界。1958年"大跃进"时期，在"左"倾思想的影响下，我国就掀起了所谓的"批判资产阶级方向"的运动。这场运动也波及心理学界，并一度引起心理学界的思想混乱，

并伤害了不少教育心理学工作者。在十年动乱期间，"左"倾思潮再度严重泛滥，许多心理学工作者被诬蔑为"反动学术权威"，并受到身心摧残，有的甚至被迫害致死。整个心理学研究工作被迫中断。这期间只有极少数的心理学工作者在暗地里坚持教育心理学的科研、编译和著述工作。教育心理学研究基本上处于停滞不前的局面。

（四）20 世纪 80 年代至今我国教育心理学研究的兴起

1976 年粉碎江青反革命集团之后，我国心理学工作逐步恢复，也迎来了教育心理学的"春天"。我国高等师范院校相继开设了《教育心理学》课程。教育心理学研究机构、研究队伍和研究领域都得到迅猛发展。

1980 年，为了满足我国现代化建设的需要，为了提高教育质量和培养新时期的建设人才，在当时教育部的领导下，潘菽教授召集全国有关方面的专家对其 1963 年的《教育心理学》讨论稿进行了认真修订，由人民教育出版社正式出版。该书反映了当时国内外教育心理学研究的某些新成果，也集中了我国教育心理学工作者的主要观点。

这本《教育心理学》出版之后，成为我国高等院校心理系、教育系以及有关专业的教材，为我国教育心理学研究工作的开展以及有关人才的培养做出了重要贡献。该书经过了多次再版，甚至至今还为一些院校或专业选为教材之用。这足见其影响之广大、深远。该书的内容主要包括教育心理学基本理论、学习动机、知识学习、技能形成、品德及其形成、个别差异与因材施教及一些学科心理问题研究等。

20 世纪 80 年代我国教育心理学研究不断深入，出现了复苏繁荣的景象。这时期的教育心理学研究既学习苏联的有关研究成果和经验，又学习西方的有关理论和研究方法。如苏联心理学家巴甫洛夫的条件反射理论，维果斯基的最近发展区理论，列昂节夫对学习的实质、学习活动的结构、学习的动机与迁移的有关研究，以及加里培林的智力活动按阶段形成理论等重新受到人们的重视。与此同时，西方的教育心理学思想，特别是学习理论方面的有关研究成果，纷纷传入我国。如斯金纳的操作条件作用理论，托尔曼的符号学习理论，布鲁纳的发现学习理论，布卢姆的掌握学习理论，加涅的信息加工学习理论，以及奥苏伯尔的有意义学习理论等逐渐走上了教育心理学的舞台，并成为教育心理学工作者研究和借鉴的主要对象。

到 20 世纪 90 年代，随着苏联的解体，苏联心理学对我国教育心理学研究的影响呈下降趋势，而西方教育心理学的研究成果备受我国教育心理学工作者的关注。据统计，西方著名教育心理学家们的主要论著在 20 世纪 80 年代以后大都被译成中文出版，如布鲁纳的《教育过程》《教育的适合性》《教学论探讨》(邵瑞珍等译)，加涅的《学习的条件》(陆有全等译)，布卢姆的《教育目标的分类学》(施良方等译)，奥苏伯尔的《教育心理学：认知观点》(佘星南等译)等。

在翻译西方主要教育心理学研究成果的同时，我国教育心理学工作者还开展了一些独立的研究，在借鉴国外研究成果的基础上，结合我国的实际情况编辑出版了具有较高水平的教育心理学方面的论著。其中比较突出的有：邵瑞珍教授主编的《教育心理学：学与教的原理》(1983)，《教育心理学》(1988，此书被列为高等文科教材)，《学与教的心理学》(1990，此书被列为师范院校各专业公共课教材)。

邵瑞珍教授1988年的《教育心理学》选用了大量的国内外新的研究成果，使观点与材料、理论与实验数据很好地统一到一起，全面系统地论述了教育心理学这门学科的各部分内容，建立了比较完善的教育心理学理论和体系。全书内容主要包括绪论、学习的过程、影响学习的内部因素、影响学习的外部因素和学习的测量与评价五个有机组成部分。此书的出版受到教育心理学界的高度评价，成为本科教学的主要教材，为我国培养了大量有关方面的人才。

1990年版《学与教的心理学》是在参照前书的基础上根据我国的教育实际情况为师范院校学生所编写的一本公共课教材，它在保持一定的理论深度和广度的同时，大大地提高了其可读性，使教育心理学的理论体系进一步完善，并和国外的有关研究进一步接轨。如在对智育问题上，本书首次将其按加涅的有关观点分三章展开论述(知识、智慧技能和策略)，较好地处理了知识和技能的关系，以及它们在智育过程中所处的地位问题。澄清了以往有关方面很多有争议的问题。另外，本书还把教学心理单独作为一部分进行论述，在阐明了学习理论的同时还初步地构建了教学心理理论。这也和西方教育心理学的发展趋势相一致。

以上两部教材1997年均完成修订工作，它采纳更多新的国内外研究成果，使其理论和体系进一步完善。相信它能为我国教育心理学的研究与发展做出新的更大的贡献。

总之，我国教育心理学研究主要经历了新中国成立前向西方学习，大量引进国外的研究成果时期；1949年新中国成立至1966年学习苏联教育心理学，坚持以马列为指导，结合我国的实际建立我国的教育心理学理论体系，并获得初步的繁荣时期；十年动乱后20世纪80年代至今由同时学习苏联和西方，过渡到主要学习西方，并在借鉴西方主要研究成果的基础上，独立开展各项具有我国特色的理论与应用研究时期。经过这几个历史时期的演变，如今我国的教育心理学已呈现出良好的发展势头和前景。

二、我国教育心理学研究的得与失

前面我们概述了我国教育心理学研究所走过的道路和所取得的主要研究成果，从中我们可以总结出我国教育心理学研究的得与失。

(一)我国教育心理学研究所取得的进展

1. 从吸收国外研究成果转向独立研究

从前面第一部分的论述中可以看出，新中国成立前我国教育心理学研究以学习西方为主，新中国成立后则转向学习苏联，用苏联的模式建设我国的教育心理学体系，并且开展了一些独立研究。十年动乱之后，一开始既学习苏联又学习西方，后来过渡到20世纪90

年代主要学习西方，特别是美国的教育心理学研究成果。在学习的同时，我国教育心理学工作者在不同的领域中大都提出了自己的见解和理论观点。我们前面所介绍的一些有代表性的观点大都是 20 世纪 80 年代和最近提出的。我国教育心理学研究的这种发展状况也可从刘儒德对新中国成立后各阶段我国教育心理学的研究文章在全部文章中所占比例的统计分析中看出。在 20 世纪 60 年代 (1960—1965)，我国已出现了对教育心理学问题进行独立研究的第一个高峰，而且在粉碎江青反革命集团之后，国内的独立研究逐年呈上升趋势。

2. 我国教育心理学研究与国外的差距逐渐缩小

由于历史的原因，我国教育心理学的研究几经挫折，使其发展受到严重影响。同时，由于缺乏必要的理论指导，长期摇摆于学习苏联和西方之间，使其理论体系难以建立，甚至出现了一些观点和概念、名词之间的混淆。粉碎江青反革命集团之后，我国教育心理学研究几乎是从零开始。然而，可喜的是，经过我国教育心理学工作者近二十年的努力，我国教育心理学研究呈现出新的繁荣景象。我国教育心理学工作者在借鉴国外研究成果的基础上，逐步建立起一整套的教育心理学理论体系来。像我们前述的邵瑞珍教授主编的几部教材，不仅吸取了最新的国外研究成果，而且采纳了国内的一些理论观点，为我国教育心理学赶上和超过国外的有关研究奠定了基础。

3. 我国教育心理学研究领域逐步扩大，研究课题不断深化

近年来，我国教育心理学工作者在借鉴国外研究成果的基础上，结合我国的教育实际分别在教育心理学的不同领域中展开了一系列独立研究。如邵瑞珍、皮连生教授等人所组成的课题组多年来一直致力于学与教的理论与应用研究，试图建立一整套的学习心理、教学心理理论体系。李伯黍教授等人则结合我国的国情对品德问题展开了深入的讨论，并形成了一系列的理论观点。另外，在教育心理学的其他领域，像教育心理理论与历史、动机心理、教育社会心理以及学科心理方面都不断有新的研究成果问世。

4. 我国教育心理学研究逐步实现与国外接轨

由于我国教育心理学研究在各个历史时期之间存在着不连贯、不一致的现象，苏联和西方各国心理学名词大量涌入，一时期造成了一些理论上的混乱。如在对智慧技能这个概念的解释上存在着严重的分歧，有的把它称为智力技能，还有的把它称为技能，在对它的解释上也存在着苏联的观点和西方观点不一致的现象。最近，皮连生教授通过对这个概念的分析，曾提出在国内统一使用这个概念的建议。在教育心理学中像这样的例子随处可见。随着我国的改革开放，以及我国教育心理学研究的不断深入，这些问题通过争论也逐步得到解决，使我国教育心理学研究能在其内容、理论与体系上和国外保持一致，为国内外的合作与交流提供了便利。

（二）我国教育心理学研究所存在的缺陷

我国教育心理学研究除了以上进展之外，还存在着严重的不足之处。

1. 我国教育心理学研究缺乏理论的系统性和完整性

从总体上来看，尽管我国也开展了一些独立的研究，但这些研究往往是在国外研究的基础上所进行的验证性研究或补充性研究，并且很多研究之间不能很好地协调，大都停留到一个层面，而不能进一步深化。这使我国教育心理学研究显得十分零散，不能使重要的基础性研究突出出来。

2. 国外的一些研究成果还没有得到很好的消化、吸收

我国教育心理学研究起步晚，改革开放后，大量国外研究成果涌入我国，来不及消化和吸收就直接在教科书中出现。由于中外文化的差异，社会环境的不同，这些理论与我国的教育状况相脱离。

3. 教育心理学研究对我国教育实际关注不够

我国教育心理学研究大多课题来自理论而非教育实际，这使我国教育心理学研究长期停留于从理论到理论的局面，而难以切实解决一些教育实际问题。

4. 具有中国特色的教育心理学理论体系还未完全建立

从目前我国流行的教育心理学论著来看，它们的内容和体系存在着较大的分歧，有的偏重于学习理论，有的偏重于品德心理，还有的转向教学心理探索。这种局面说明，我国教育心理学界对教育心理学的理论和体系还缺乏统一的认识。

总之，我国教育心理学研究通过教育心理学工作者的共同努力已取得了长足的进步，尽管还存在着这样那样的不足，但其主流是朝着健康的方向发展的。相信随着改革开放的不断深入，我国教育心理学必定会拥有灿烂的明天。

三、教育心理学的展望

最近，美国心理学家沃尔勃格 (Walberg) 通过广泛的引文分析，调查了近年来许多有关教育心理学方面的书籍和杂志的中心议题，反映了世界当前教育心理学研究的热点和前沿。这些研究前沿主要集中于以下四个教育心理学研究领域：①阅读理解和写作教学；②归因研究；③正式教育的发端问题 (这个问题关注于严重缺陷儿童进入正式课堂学习，曾引起广泛的争议)；④有关教育研究的历史观点，以及社会对教育的期望，这些期望对学习和教学行为的影响途径等。

根据国外的研究前沿以及我国当前的研究状况，在本节的最后，我们对教育心理学的未来加以预测和引导。通过预测使我们对教育心理学的发展趋势有所认识，使我们所从事的研究具有明确的目标和方向；通过引导使我们正确地把握教育心理学的未来，而不至于使它任意发展，重复或多走弯路。这两方面的工作正是理论工作者所肩负的重任。对于我国教育心理学的发展趋势，我们把预测和引导二者结合起来考虑。

基于以上思考，我们对教育心理学的未来做以下预测和引导。

教育心理学研究将更加关注我国教育实际中所存在的一系列问题，使其研究领域进一

步扩展。除了一般的学习理论、教学理论研究之外，教育心理学家将对教育实际中存在的具体问题进行研究。如学科心理学问题研究将逐步展开。研究的问题不再是人们如何学习，而是人们如何学习写作，如何学习计算，如何学习阅读等。

学习策略、教学策略、问题解决策略研究将更加深入。这些策略是教育心理学理论应用于实际的桥梁，要解决教育实际问题，这些问题的进一步深化研究具有重要作用。

学习动机，学生与学习情境间的相互作用认知研究将得到加强。学习动机及教育情境中的社会心理因素对学习和教学具有重大的影响。在这方面已有的国内外研究成果应反映到教育心理学中，如韦纳 (Weiner，B.) 的动机归因研究成果，及韦纳动机理论在教育中的应用研究成果等。同时，这些领域还需要更进一步的探索。

年龄特点、个别差异及测量研究将重新兴起。个别差异及测量问题在教育心理学史上曾受到重视，如高尔顿的个别差异研究、卡特尔的个别差异及心理测量探索。桑代克三卷本《教育心理学》的第三卷——《个别差异及其起因》对个别差异问题进行了深入考察。著名心理学家皮亚杰则对个体的年龄特点、发展阶段做过全面的论述。现代中外认知教育心理学对此问题虽然也有不少研究，但对其揭示还远远不够。教育心理学要做到因材施教，真正为教育实际服务，这方面的研究将重新引起人们的重视。

教育心理学的理论体系将进一步完善。从内容上说，教育心理学将包括有关学习理论、教学理论、动机理论、发展理论、教育社会心理理论相互联系的五大块。从理论观点上说，除了认知观之外，教育心理学还将吸收其他心理流派、理论学说的精华，如行为主义、人本主义、精神分析等方面被证明是正确的理论观点；同时，我国的有关研究应全面系统地展开，并把已有的研究成果加以总结概括，及时地反映到教育心理学的教材之中，来充实我国教育心理学的理论体系。

第三节　教育心理学的研究对象与价值

一、教育心理学的研究对象

根据广义的教育心理学理念，凡是在教育领域与学习领域发生的心理与行为，都是教育心理学研究的对象。理由主要有：它反映了教育心理学的宗旨。教育心理学以了解人性并改善人性从而实现教育目的为宗旨，要达此宗旨，它就必须研究教育领域与学习领域、教育情境与学习情境中个体和群体的心理与行为规律。它反映了教育系统的基本结构与状况。教育是一个系统，它包含知识传授系统、知识建构系统和知识系统三个子系统。其中，知识传授系统是指教育者通过一定的传授方式教书育人，也就是教；知识建构系统是指学习者通过一定的方式建构自己的知识体系，也就是学；知识系统是教育和学习的内容，主要包括自然科学知识和人文社会知识两大类。这三个子系统相互影响，相互制约。同时，学习与教学包含学生、教师、教学内容、教学媒体和教学环境五种要素，其中，学生是学习的主体因素，也是教育心理学的主要研究对象之一，教育心理学研究学生身心发展的基本规律、个体差异、心理健康等内容；教师是教学的主导因素，也是教育心理学的主要研究对象之一，教育心理学研究教师的心理素质、职业角色、专业成长和教学风格等；教学内容是学与教过程中有意传递的主要信息部分，一般表现为教学大纲、教材和课程等；教学媒体是教学内容的载体，是教学内容的表现形式，是师生之间传递信息的工具；教学环境包括自然环境和社会环境，前者涉及课堂的教学条件、教学设施与空间布置等，后者涉及课堂纪律、课堂气氛、师生关系、同学关系、校风以及社会文化背景等。这些内容同样是教育心理学的重要研究对象。再者，学习与教学的过程由学习过程、教学过程和评价／反思过程这三种活动过程交织在一起，其中，学习过程指学生在教学情境中通过与教师、同学以及教学信息等的相互作用，或者是个体在自学情境中通过自学而获得知识、发展品德、丰富情感、学会思维的过程，它是教育心理学研究的核心内容；教学过程指教学活动的展开过程，是教师根据一定的社会要求和学生身心发展的特点，设计一定的教学情境并组织和管理教学活动，引导学生获得知识、发展品德、丰富情感、学会思维的过程，它是教育心理学研究的又一核心内容；评价／反思过程包括在教学之前对教学设计效果的预测和评判，在教学过程中对教学的监视和分析以及在教学之后的检验和反思，同样是教育心理学的重要研究对象。它集中反映了现代教育心理学的主要研究成果。现代教育心理学的研究成果主要集中在教育与心理发展的关系、学习心理、个体差异与教学心理、教师心理等方面。它有利于将教育心理学的研究对象与其他心理学分支学科的研究对象区分开来。

二、教育心理学的价值

（一）揭示教育与学习过程中的心理现象及其变化规律，为教育和学习提供科学依据

探索教育与学习过程中的心理现象及其变化规律，能帮助人们高效地掌握教育和学习中存在的诸种规律，为有效地开展教育与学习提供强有力的科学依据，避免在常识水平上谈论教育与学习或者仅凭经验开展教育或学习的陋习。例如，皮亚杰（J.Piaget）和柯尔伯格（L.Kohlberg）的道德发展阶段论告诉人们，个体的品德发展是一个由低级到高级持续不断的变化过程，这一过程呈现出一定的阶段性和顺序性。品德发展的阶段性是指人的品德发展过程呈现出一定的阶段性，不同阶段具有自己的特点，使之与其他阶段区别开来；并且，前一阶段是后一阶段的准备，后一阶段是前一阶段的必然发展，前后阶段之间可有部分重叠。品德发展的顺序性是指人的品德呈现出一个由低级到高级、由简单到复杂的变化过程。人的品德发展的一般顺序是无法跳跃的。②品德发展的顺序性、阶段性要求人们在进行道德教育时做到：在确定德育内容时要遵循儿童品德发展的阶段性与顺序性，选择难

度系数适当的内容进行教育，既不可人为拔高教育的难度，也不可人为降低教育的难度；同时，在确定教育方法时也要遵循儿童品德发展的阶段性与顺序性，选择吻合儿童心理发展特点的教育方法。

（二）促进中国特色教育心理学的建设

未来的竞争说到底是人才的竞争，而人才培养的关键在教育，因为教育是一项开发世界上最宝贵的人力资源和优化民族素质结构的宏伟工程，正如《中国教育改革和发展纲要》所说："谁掌握了面向21世纪的教育，谁就能在21世纪的国际竞争中处于战略主动地位。"教育在现代人的培养中是一个不可或缺的组成部分，用什么样的教育去培养社会主义建设所需要的人才，是当前教育工作者所面临的一个紧迫课题。教育的对象是人，必须做到以人为本，这就要求人们在开展教育时依据一定的心理规律办事。同时，中国正在实施的素质教育主张培养人才要做到既以德为本又全面发展，也向教育心理学提出了新课题。但中国现阶段的教育心理学无论在理论上还是在实践上都存在过于"西化"的倾向，为此，一些有识人士指出，创建中国特色教育心理学已刻不容缓。如何才能体现出中国特色？主要途径有二：一是"古为今用"，即要加大力度对中国传统教育心理学思想进行研究，然后将之有效地融入现代教育心理学之中，只有这样才能使教育心理学具有中国文化特色。二是要坚持"实践出真知"的研究路向，紧密结合当前中国鲜活的教育实践，灵活运用观察法、实验法和问卷法等多种方法，揭示当代中国教育与学习中存在的种种规律，以此充实教育心理学。因此，结合中国文化尤其是中国传统文化与当代中国人的心理与行为规律来探讨教育心理学，建构既吻合中国人的心理与行为规律又与外国尤其是西方现代教育心理学能更好地接轨的教育心理学的新理论体系，无疑将促进中国特色教育心理学的发展。

（三）弥补西方教育心理学思想的不足，发展世界教育心理学思想

一方面，西方教育心理学是在西方心理学中分化出来的。这样，西方心理学本身所固有的一些不足之处也同样在西方教育心理学中体现出来。如在"美德即知识"思想的影响下，以柯尔伯格为代表的认知派道德发展理论主张认知发展与道德发展并行不悖，是同一发展过程的两个方面，而认知发展是道德发展的必要条件，于是着重从人的道德认知来说明其道德的发展水平。在这里，柯尔伯格几乎将"是什么"的科学判断与"应该怎样"的道德判断等同起来，难怪柯尔伯格本人也承认自己犯了"自然主义谬误"（英国哲学家G.E.摩尔认为，善是内在的，不能下定义的，不能用其他特性去说明的；如果有人从"是什么"延伸出"应该怎样做"，或者将二者等同起来，即用善以外的其他特性去说明善，他就犯了"自然主义谬误"）。因此，柯尔伯格并没有彻底解决道德发展中的知行关系问题。一个人的全部道德面貌应包括获得部分（认识或能力）和操作部分（行为或表现）。假若仅有获得部分而没有操作部分，那没有实际意义。因为道德认识和道德行为是统一的，任何一种德育理论最终都要落实到人的道德行为上，德育的效果最后体现在道德行为效果上。在精神分析学派的道德发展理论中，弗洛伊德过于强调潜意识中非理性因素对人的心理与

行为的影响；艾里克森 (E.H.Erikson) 试图改变弗洛伊德的这一传统做法，改由生物、心理和社会环境三个方面来考察道德发展问题，不过，艾里克森的理论思辨性多于科学性，体系也不够严密。作为一种新的新行为主义流派，班杜拉 (A.Bandura) 的社会学习理论颇为注重社会因素对人的心理与行为的影响，改变了以往行为主义者重个体轻社会的思想倾向。但班杜拉的理论实际上仍是以研究行为为重心与目的，对人的内在动机和内心冲突等的重视也稍嫌不够。而上述三个流派在现代西方品德心理学中占据重要位置，由此可见，现代西方品德心理学存在一些不足之处。但在中国传统文化背景 (主张天人合一、知行合一、真善合一等) 里产生的中国传统品德心理学思想，对于道德发展中的知行问题、遗传与环境及教育问题等都提出了一些很有见地的见解，恰能弥补西方品德心理学思想在这些问题上的不足。

另一方面，主要在西方文化背景下产生和发展起来的心理学 (含教育心理学) 要想成为一种"普遍有效"的科学，必须融入具有中国文化特色的心理学思想 (含教育心理学思想)。正如美国著名跨文化心理学家推蒂斯 (H.C.Triandis) 所说：在得到中国的资料之前，心理学不可能成为一门普遍有效的科学，因为中国人口占了人类很大的比例。对于跨文化心理学来说，中国能够从新的背景上重新审查心理学的成果。在这样做时，中国的心理学家应该告诉西方的同行，哪些概念、量度、文化历史因素可以修正以前的心理学成果。

可见，世界心理学 (含教育心理学) 的发展需要中国心理学的"帮助"，但这种"帮助"得以实现的一个前提是，中国的心理学 (含教育心理学) 必须向世人展现一些独具自己文化特色的研究成果。这就要求中国的心理学 (含教育心理学) 研究要走自己的道路。

简言之，研究中国人的教育心理学思想，对于弥补西方教育心理学思想的不足，促进世界教育心理学思想的发展，必将起到积极的推动作用。

第四节　由理论学习向实践应用的转化

一、理论学习

心理学理论是一项具有悠久的历史的项目，是关系到人们行为和心理的关键因素。以教育事业为例，科学地对心理理论进行应用，教师可以根据学生的心理活动和行为活动，科学地对学生进行组织，从而使得学生的学习质量和专注度得到提升，提高学生的学习水平。因此，需要科学地对心理学理论进行研究和分析，发挥心理学理论的功能。

（一）心理学理论的相关概述

心理学理论是一种针对心理学和精神疾病领域的重要理论，可以根据人们的行为情况，对对象的心理活动和行为活动进行预测，甚至可以通过心理学理论将对象的行为进行诱导。

心理学理论可以广泛地应用到社会的各个部分，可以应用到教师教学的过程中，医生治疗的过程中，缉查办案中，其功能的全面发挥可以使各类问题得到良好的处理，促使社会的和谐安定。

心理学理论的主要研究内容有对象的心理活动情况、对象的行为等，心理学理论通过对研究对象的心理活动揣摩和分析，将对象的下一步活动进行猜测，从而有效地提高行为问题、意识问题和主观能动性的问题，在不同程度上的心理学理论的应用，可以提高对象的主观能动性，激发对象的潜能。

（二）心理学理论的意义

随着心理学理论的进步和完善，心理学理论具有良好的实践意义和理论意义，对推动社会进步和文化发展具有十分重要的推动作用。

1.心理学理论的理论意义

心理学理论可以为马克思主义的认识理论和辩证法提供足够的依据，促使马克思主义社会主义哲学可以得到有效的解读。心理学理论对人们的行为、意识和心理等进行研究，为事物的客观性和主观性进行解释，还可以根据心理学理论的研究成果对人们的心理现象和脑活动等进行揭示，使得外物对人们的行为、心理和意识的影响可以得到有效的解读。

心理学理论可以为相关的学科提供参考，并提供良好的理论价值。心理学理论的研究对象是人，通过对人的心理活动研究，揭示事物客观存在的意义和价值。心理学理论可以为文学、艺术、政治等提供理论基础，积极推动相关学科的进步与完善。

2.心理学理论的实践意义

心理学理论具有极强的实践意义。尤其是在人们的生活中，心理活动可以对人们的实践活动进行调节，促使实践活动可以顺利展开。将心理学理论应用到实践中，可以有效地提高实践的效率和实践的质量。以教育为例，教师将心理学理论进行应用，可以根据学生的表情和行为对学生的听课状态进行分析，并根据心理学理论的基本情况，完成对教学活动的调节，从而使得课堂教学的质量可以得到提升，提高学生的课堂学习质量。此外，心理学理论可以为人们的自我教育和自我控制提供实践基础，人们通过对心理学理论的学习和解读，形成良好的自我情绪控制，有效地对各类不良情绪进行控制，降低不良情绪对自身的影响，积极推动人们对消极的个性品质进行控制，推动人们的身心健康，发挥人们的主观能动性，促使人们的积极品质得到提升。

（三）心理学的主要理论分析

心理学的主要理论有行为主义心理学、精神分析心理学、人本主义心理学、认知心理学等。通过对心理学的主要理论进行分析，结合心理学理论的意义，积极推动人们的生活水平和生活质量，使得人们的心理可以持续健康发展。

1.行为主义心理学

行为主义心理学理论主要是根据相关动物实验得到的心理学理论，通过相关试验的验证，可以使得行为主义心理学理论与环境相交互，通过行为主义心理学理论的应用，可以有效地对一些实际问题进行解读和改善。

行为主义心理学是 1913 年由华生提出，对心理主义概念进行摒弃，对刺激和反应以客观方法的对人们的行为进行揭示。同样，巴普洛夫在《条件反射》中，对行为主义的相关内容进行阐述，并证实了可以采用生理学术语等对心理过程进行研究。

心理学的研究对象是意识，但是由于意识是不可见的，不能采用传统意义上的自然方法进行预测和测量。在进行行为主义心理学理论的研究过程中，不能完全对主观意识进行摒弃，要科学地对观察法、条件反射法、测验法和社会实验法等进行应用，对社会情境和社会变化之间的关系进行考察和分析。行为主义心理学理论，可以充分应用到药物心理学、广告心理学中，并积极地对人文科学等进行渗透，积极推动主观唯物主义和客观唯物主义得到进步和发展。

2. 精神分析心理学理论

精神分析心理学理论主要是由弗洛伊德提出，弗洛伊德根据病人的谈话等内容，对病人的疾病原因等进行推测，弗洛伊德指出，人的行为活动是含有无意识的行为活动，但是通常情况下，会受到外界因素的干扰，使得人们的一些意识和行为受到压制，不能良好地表现出来，这也就使得长期的压抑积累，使得人们的下意识形成，也就会导致人的一部分本能在下意识的作用下，产生无意识活动。

无意识。人的无意识行为是人们不易察觉的部分，其中包括人们被压抑的欲望和原始的本能冲动。其中被压抑的欲望是指人们在实际的生活中，由于社会法规和社会行为和道德规范所限制，人们不能做的一些内容，长此以往的压抑会使得人们的欲望不断被压制。通常情况下意识不能对无意识进行驱动，往往需要在特定的环境和氛围下，无意识才会被激发。

抵抗与压抑，人们的一些欲望是不能被社会的规范所容忍的，也就使得人们的欲望不能得到满足。为了抵抗这些不被社会所容忍的欲望，人们的意识需要进行抵抗和压制。

本我、自我、超我，其中本我的是人们最原始的部分，也可以被视为无意识的部分。随着人们的年龄不断增长，人们的社会阅历逐渐丰富，面临的社会现象也逐渐增多，也就使得人们的自我产生。结合自我的实际情况，控制自身的行为准则，最终实现超我。其中，本我、自我和超我都具备不同的原则，分别为快乐、现实和道德原则。

3. 人本主义心理学

人本主义心理学主要是对人的尊严、价值和创造力等进行体现，促使心理和人的本性可以得到有效的统一，重视心理学和人的本性之间的关系，积极推动人的自我实现。其中人本主义心理学在教育中有自我统一性原则、启发性原则、德育原则、超越原则等进行，从而积极提高教育质量，使得学生可以进行例行控制和内心矛盾，积极推动教育质量和教育水平可以得到有效的提升。

4. 认知心理学理论

认知心理学理论是较为新颖的心理学理论，采用了信息加工的观点，将认知作为一个信息加工的过程，包括信息的采集和信息的存储和应用，而且每个阶段都具有不同的操作产物。科学地对人们接触的语言材料和各类关系进行分析，可以提高人们对事物的认知和解读。

心理学理论是关系到人们的行为、意识和心理的重要部分，针对心理学理论的基本含义和理论心理学的意义进行阐述，并分析心理的主要理论，切实对心理学理论的现实意义和理论意义进行发挥，积极推动社会进步和文化发展，提高人们的生活质量和生活水平。

二、理论学习向实践应用的转变

近年来，随着人们对教育事业认识的不断提高，越来越多的学生、家长乃至教师已经对"填鸭式"的"教"和"说教式"的"育"持否定态度，更倾向于要求教师全面掌握学生的心理、注重师生的互动等教学心理技巧，掌握心理学的基本知识，并将其运用于教学实践中。对于教师来说，单纯的"教好书"已经不能满足现代教育的发展，时代赋予了教师更艰巨的历史任务和使命。以教育心理学为基础，改进教学效果，满足现代教育的要求，教师应从创新教学方法方面入手，做到以下几点。

（一）教师自身具备良好的心理学知识基础

传统的教育理论认为，教师是教学生读书的，教师的职责是把自己掌握的知识传授给学生。但是，就长远的教育发展方向和趋势来看，任何一个学生、家长都希望教师是一个有感情的人，而不仅是一架教书的机器。韩愈说："师者，传道授业解惑也。"这不仅需要教师了解学生不懂的知识，为学生解决他们所不明白的学习疑问，更需要教师理解学生的心理。郭沫若说："书是死的，人是活的，死读书把活人读死，活读书把死书读活。"为了教学生读好书，教师仅仅有课本的知识远远不够，还应该懂得心理学。教师及时掌握学生的心理动态，抓住学生的心理状态对教育的长期效果非常关键。

（二）教师对学生情况有全局的把握

教学的中心与重心是人，教师首先要了解教育对象，才能有效地实施教育、教学。教师应多渠道地接触学生，全面掌握每个学生的家庭背景、经济状况、家庭教育、社会影响、思想动态、知识层次，以及个人性格、特长、交往、爱好，等等，做到对学生的思想、学习心中有数。要做到这一点，不仅要求教师有热爱教育事业、寓教于乐的敬业精神，更要求教师从学生心理的角度认识学生，全面、全局地把握学生的心理动态，通过各种渠道认识每一个学生的不同之处，不能笼统地把所有的教育对象都认为是相同的"学生"，而要充分了解每个学生的独特个性和心理反应，只有这样，才能在教学过程中真正做到因材施教、有的放矢。

（三）教学过程中完美地演绎和运用心理学教学方法

在教学实践中，心理学教学方法在教育过程中的有效运用体现在以下几个方面。

1. 教师在教学过程中，要和学生进行有效的心理沟通。

有效的心理沟通是教师成功教学的前提和保证，教师要了解学生在学习过程中想什么，这对抓住学生的心理、循序渐进地进行教学非常必要。与此同时，教师还要让学生知道自己在想什么，这样更有利于和学生增进了解、互相沟通，这是提高学生学习兴趣的关键。

在教学过程中，教师要经常告诉学生自己下一步的安排，自己的教学目的和想法，同时有针对性地了解学生对自己教学安排的看法和意见，及时和他们保持交流、交换意见。这样调动了学生对课程的学习兴趣，使教师的教学计划能够顺利完成，达到预期的教学目的。心理沟通的一个有效途径就是要关心爱护学生，教师首先要有爱心，"没有爱就没有教育"。教师对学生实行必要的"情感投资"，用爱心温暖学生、感化学生、实现情感交融是增进师生感情的最佳途径。

2. 教师在教学过程中，要运用情感教学的方法培养学生的学习兴趣。

所谓情感教学，就是指教师在教学过程中，在充分考虑认知因素的同时，注意改进教学方法，发挥情感因素的积极作用，发展学生积极的情感，帮助学生克服消极的情感，从而使学生以积极的态度推进学习效果。著名教育家赞科夫说："我们要努力使学习充满无拘无束的气氛，使儿童和教师在课堂上能够'自由地呼吸'，如果不能造就这样良好的教学气氛，那么任何一种教学方法都不可能发挥作用。"营造良好的课堂教学氛围，给学生提供自由的"呼吸空间"，就是要激发学生学习的动力、兴趣，给学生提供学习的良好环境，使学生对学习、对教师充满感情，变得想学、爱学、会学，从而以"课堂"推动"课下"，以"兴趣"带动"效果"，这样才能提高学生学习的效果。

3. 教师在教学过程中，要充分调动学生的积极性，形成互动式的教学氛围。

互动，是教师和学生双向沟通的一种教学方法，这与传统的以教师为中心的教学模式不同。它要求学生积极参与、以学生为教学的主体，但这并不是否定教师在教学中的地位，教师仍是整个教学过程的规划者、控制者。教师和学生在明确了各自的位置后，形成良好的互动才会极大地推动教学活动的开展，收到最佳的教学效果。

另外，在实际教学过程中，一节课的教学目标是三维的，内容是丰富的，我们不能用其中的一种教学方法坚持到底。教学方法不是孤立隔开的，很多时候一节课上教师会选择多种教学方法，采取多种方法配合，发挥各种教学方法的优点，弥补缺点。

总之，在现代教学体系中，教师自身的心理学知识是开展良好教育的基础，有效的心理学教学思维是成功教学的关键所在。

第二章　教育心理学理论

第一节　心理学与教育心理学的关系

一、心理学的研究与教育学知识的流变

（一）心理学与教育学知识的源头——哲学

教育学与心理学都曾包容在哲学的范围里，并且彼此有着非常密切的关系。早在心理学与教育学独立于哲学作为一门独立学科存在之前，两者就结下了不解之缘。两千多年前，我国的哲学家、思想家已有丰富的心理学思想与教育学思想散见于他们的论著之中，并且彼此交融。孔子就是其中最具代表性的人物。例如，他所归纳的"学而时习之，不亦乐乎"，反映的不但要遵循巩固性的教学原则的教育思想，而且涉及记忆与复习关系问题的心理学思想；他所实践的"求也退，故进之；由也兼人，故退之"的做法，反映的不但要遵循因材施教的教学原则，而且涉及个性差异问题的心理学思想；他提出的"知之者不如好之者，好之者不如乐之者"的观点，反映了情感与认知关系问题的教育学与心理学思想。教育学、心理学的书籍，特别是教育学史、心理学史方面的书籍，专门介绍了哲学家的教育学观点、心理学观点，甚至有时将他们称为教育学家、心理学家。这可以从哲学史、教育学史、心理学史的相关书籍中找到我国各个时期的代表性人物，其中九所高等师范院校《中国哲学史稿》编写组编写的《中国哲学史稿》，喻本伐、熊贤君主编的《中国教育发展史》与高觉敷先生主编的《中国心理学史》三本著作中共同讲述到的人物有春秋战国时期的孔子、孟子、荀子、墨子、庄子、老子、韩非子，两汉时期的董仲舒、王充，唐代的韩愈与柳宗元，宋代的张载、程颢、程颐、朱熹，明清时期的王守仁、王廷相、王夫之、戴震等。

国外同样如此，翻开外国教育学史与心理学历史的著作，我们不难发现其中对于教育学与心理学起源问题的探讨，是从研究古希腊的哲学家苏格拉底、柏拉图、亚里士多德等人开始的，其中的缘由无非是教育学与心理学同是孕育于哲学之中，并从中分化出来。这种状况直至近代都是如此，如近现代非常著名的哲学家同时既是心理学家，又是教育学家，例如，赫尔巴特、杜威等。赫尔巴特撰写的哲学著作主要有《形而上学概要》《逻辑概要》《一般实践哲学》；撰写的教育学著作主要有《普通教育学》；撰写的心理学著作主要有《心

理学教科书》《论数学应用于心理学的可能性与必要性》。随着人们对世界认识的深入与分化，教育学、心理学才逐步从哲学中分化出来，分别成为一门独立的学科。

教育学、心理学的独立并不意味着它们分别与哲学完全割裂，相反，由于教育现象与心理现象本身高度的复杂性，心理学研究与教育学研究，皆需要受正确的哲学方法论指导。综观教育学、心理学发展的历史，任何一个心理学家、教育学家都自觉或不自觉地受某种哲学流派方法论层次上的指导思想所左右。

（二）教育学核心问题的心理学论证

处于赫尔巴特时代的哲学心理学不需要宣称自己的独立，因为就他们对认识论问题的论述而言，哲学家大致同时就是心理学家；但是教育学需要独立，它不仅一直被认为是一种"方法之学"，而且培根将其"虚席以待"，等待着它的独立和发展。科学的发展对教育学和心理学的独立起了决定性的推动作用。

赫尔巴特确立了教育学研究的核心问题，即目的论和方法论，前者论述教育要达到的目的，后者说明达到教育目的的可能性。正如他所言，"教育学作为一种科学，是以实践哲学和心理学为基础的。前者说明教育的目的，后者说明教育的途径、手段与障碍"。赫尔巴特以物理学为模式改造哲学心理学，对心理过程进行数学分析；以自然科学的方法进行目的—方法的假设、推理和论证，第一次确定了心理学作为教育学理论基础的地位。人们把不带限定性形容词的"科学"与自然科学等同了起来，借助自然科学的模式是教育学独立必经的时代和历史之路。

首先，当时的生理学和心理学的关系紧密，并且先于或与赫尔巴特同时代的，同为研究人的生理学家以实验和观察的方法取得了很大的成就，使生理学先于科学心理学获得了独立。生理学的发展常引起许多心理学的问题，需要借助心理研究才能予以解决，例如，感觉、感觉神经和感觉器官、脑及其机能、"心理器官"等问题。那时林耐对嗅觉的分类促成了对心理学中的描述和分类的重要性，比夏把知觉、技艺、理智的机能定位在脑内，把情绪定位在心脏。生理学被认为是心理学的基础。发现这些事实的学者可都不自称为心理学家而是生理学家。他们的热情和成就促进了心理学的发展，也激发了赫尔巴特对科学心理学的追求。

其次，从哲学上而言，当时的哲学都具有心理学的倾向。从柏拉图时代以来，人们经过了从灵魂去找寻可能存在的真理，到以信仰来证明真理，再到理性探究自然的秩序，最后到经验高于理性的几个阶段。如果一切知识都来自"直观感知"，那么心灵终究是如何感知的？它与现象、灵魂、理性等之间的关系是什么？与心理操作的关系又如何？何以说我们真切地感知到了真理？围绕着"感知"和"经验"的一切问题都与心理过程和机制有关。当时的哲学家们，如培根、笛卡儿、斯宾诺莎、莱布尼茨、休谟、康德等人都阐述了他们的观点。洛克更是被认为近代心理学的奠基人，他尝试着以心理学代替形而上学对于不可知事物的思辨。自此，人类对人类心理本身的探索变得重要了。当然，由于德国理性主义的传统，康德等人，包括赫尔巴特，重申其他科学的基础依旧是哲学的形而上学，但是他们深究的还是知识的来源以及知识的发展。在任何一本论述西方心理学发展历史的论著中，哲学家们都占有了较大的篇幅，他们被称为哲学心理学家，经历了从心理学依附于哲学的历史到哲学家们主动探究心理学问题的发展，特别是知识来源于理性而不是权威达成共识之后，以及经验主义者培根开启了近代哲学大门之后。培根在 1605 年出版的《学术的进展》中，把"关于心理的知识"列在第五层次，包括关于心理本质的知识和关于心理官能的知识。虽然那时候心理学尚未成为一门独立的学科。

哲学和生理学的心理学倾向也影响到了教育学。西班牙教育家维韦斯在《论大脑的机能》中把心理学研究作为探讨教育问题的必要基础，他开始从学生的状态出发而不是教育的规定任务出发，去考虑如何教的问题，确认了研究儿童的必要性。夸美纽斯之前，德国的教学论革新者拉特克于 1617 年发表《新方法》，提出按照自然规律进行教学，尝试运用归纳法把较为成功的教学经验加以概括。康德之前的特拉普著有《教育学研究》，强调实验心理学的作用和意义，并试图建立以实验心理学为基础的教育学体系。卢梭在《爱弥儿》中提出"归于自然"的教育理论，重视儿童成长的阶段性和顺序性，强调要根据儿童不同年龄时期的身心特点实施教育。裴斯泰洛齐认为，儿童生下来身上就潜藏着要求发展的倾向的天赋能力和力量，教育要适应儿童的天性，按照儿童的天赋能力和力量的自然发展顺序进行。他首次提出"教育心理学化"，要求教育和教学工作注意儿童的心理活动规律和个性差异，将教育科学建立在心理学的基础上。

对此，赫尔巴特进行了积极的响应。在发表心理学代表作《作为科学的心理学》之前，他就在《普通教育学》中提道："应当说心理学首先记述了人类活动的全部可能性。"在他的教育学中，他分析儿童心理活动特点，将认识过程归结为观念的统觉过程，并使教师的教学过程与此相对应，将其抽象归纳为教学的形式阶段。

（三）心理学化的教育理论

20 世纪初兴起的教育科学运动主要是在美国和德国开展的。心理学在那时的英国不是很受重视，香港大学没有专任的心理学教授，心理学老师往往兼讲教育学，以沛西·能的《教育原理》为课本。这场运动使教育学，尤其是教学论在借助心理学迈向科学化的路程中，变成了心理学理论的推衍。在美国，教育心理学家成为教育研究的主要力量，在美国近代教育史上赫赫有名的大都是心理学家。

霍尔的心理学把举证责任从儿童身上转移到教育环境上。他首先将进化的观点引入心理学，提出复演论，即个人机体的发展复演了种系发生和种族的进化，因此可以通过适应儿童个人自然生长的方法去评判一种学校制度。他主张根据儿童发展的资料来决定儿童的课程内容，学校课程应更广泛地迎合儿童的天性、生长和发展的特点，而不是儿童应该怎么样做来达到外部的教育目的和内容的标准。这种转移是哥白尼式的，影响极大，它定下了美国教育"以儿童为中心"的基调，打下了以心理学理论推衍和解释教育的基础。

霍尔理论在教育上的主要含义似乎是教育家不应该干涉自然的客观过程，这与进化论的实质不符。詹姆斯转向了一种新的机能心理学观点。他的《心理学原理》和《与教师谈心理学》最根本、最直接地影响了教育学。他把人设想为生物人，他们的行为是对某些本能倾向的反应。习惯和随意的行动都是以这些倾向为基础的。作为行为重复的一个结果，习惯的形成证明了人类神经系统的可塑性和可变性。习惯一旦形成，就越来越支配行为，直到最后成为社会和个性绝对的决定性因素。教育的主要任务，显然是尽早形成许多尽可能好的和有用的习惯。詹姆斯看到了人的尊严和进步的美好倾向和希望，看到了教育干涉的力量，这是实证主义和实用主义进步的一面。

桑代克追随詹姆斯的信念："即使习惯统治了世界，心理还是能够把习惯改造得与人类目的一致。"他相信，人性只是许多"原始倾向"，能被用来行善或作恶，因此，教育心理学的基本任务就是探讨人之本性，研究个别差异，发现学习活动的基本规律。

在 20 世纪最初的 25 年里，公立学校教学工作的一切方面都受到了桑代克的影响。应用自然科学的方法认真地把教育学作为一门社会科学进行研究在桑代克这里进行了全方位的尝试。他的最终目标是一种综合的教育科学，所有教育都能以它为依据，教育目的也不例外。其结果是"我们的教学几乎是过去四十年教育心理学发展的结果"。

杜威认为人的心理活动的基本内容是诸如情绪、习惯、冲动等生物性的本能，心理活动的实质在于有机体采用一定的行动来适应环境并满足自己的需要。实验学校的任务就是要设计一种与这些冲动的发展和儿童正在增长的经验相协调的活动课程，其方法是做中学。他以"儿童中心""活动中心"和"经验中心"划分了传统教育和现代教育，而新三个中心是他的哲学和心理学直接应用于教育的结果。这与他坚持学校是可比拟为物理和心理学的实验室的观点是相一致的。克伯屈、康茨和鲁格等把他的理论深入运用到教育原理、教育方法、实际课程和教科书结构中去，在进步主义教育中得到继承。21 世纪的今天，"杜威的幽灵在美国课程里游荡"。

布鲁纳明确地界定了学习理论和教学理论之间的关系，前者是描述性的，后者是处方性的和规范性的，教师的"教"要依据对学生的认识和发展的研究结果，教学理论是学习理论的进一步推衍。这种教育理论和学习理论之间的推衍关系几乎得到了公认。斯金纳也曾表示"教育也许是科学的技术学的最重要的分支"。对学习的实验研究所促成的技术并不是为了"发展心智"，或推进某种对教学关系的"理解"而设计的，"它们是为那些被当作这种心理状态或心理过程的证据行为而设计的"。

从赫尔巴特的"三个中心"到杜威的"新三个中心"，教育目的、教育任务、人之本性、个别差异、学习活动的基本规律、课堂教学规范，直到教育成为技术学的分支学科，儿童的学习和发展理论开始实证心理学化，成为心理学研究的核心问题和教育学发展的重要理论资源和知识构成，学者的身份和学科的名称都朝着心理学方向转化。

教育学以心理学为基础具有历史的必然性和逻辑的应然性。以历史的形式回顾它们是想说明我们对学科应有的一种历史同情和理解的情怀，一种客观公正的态度，一种学术史的集体意识；虽然自然科学是心理学的起源之一，心理学也一直以此为追求的标准，但是以教育中的儿童发展和学习为研究对象的一些学科和流派已然在其追求中融进了人文主义的研究范式，正是他们所取得的成就促成了当代教育学的科学性。中国教育学在对自然科学范式的反思中"泛论"和"泛批"心理学的研究范式无异于在剥离自己学科的科学性。

二、教育心理学与心理学的关系

（一）教育学与心理学学科性质与定位的差异

教育学和心理学的基础关系在于两者有着纠缠不休的学科渊源。随着彼此学科成熟度的不断提高，矛盾逐渐地展开，隐藏着的对立和区别因素充分显现。

学科性质不同。心理学偏向于自然学科，当然在不同的分支学科中的社会性、人文性和自然性的倾向程度不同，学科性质定位也就不同。自然科学的秩序性和因果性假设被认为适用于心理学，因此也可以应用于学生的教育中。以桑代克和斯金纳为代表的行为主义假定人是自然界的一部分，人的行为则是一连串依照因果关系而行动的有秩序的事件，是科学研究的对象；个体的每种思想、感情、感觉和外表行为等都假定有它本身的原因，发现这些原因，把它们系统化，用数量表示出来，形成普遍性的规律，用于解决教育中的问题；如果说行为主义以动物的行为解释人的行为的话，那么认知主义就是以机器的模型解释人的行为和意识的心理机制，以计算机的心理流程描述认知的心理机制，这和行为主义一样，在本质上是一种机械还原论的和简单论的观点。

教育学是事理学科。教育研究是"事理"研究。即探究人所做事情的行事依据和有效性、合理性的研究。它既要研究"是什么"，还要研究"为什么"，更加关注"怎么办"。教育学以"怎么教"出身，使学生由不知到知，由知之不多到知之甚多，由传递人类社会生存的经验到文化及其文化创造，把外在的知识、社会价值观念和规范转化为个人内在的精神内容和需求等，无不是价值活动。教育实践从来就没有不关涉价值的行为和事实，教育是一种崇善的理论和实践活动，是充满着大智、大爱和大德的事业。例如，智力测验显示了约翰的智商和学习结果。但是这个结果是表示约翰在数学学习上需要特别的帮助，还是表示不应该让他继续学习数学呢？还是他根本不适合学习数学呢？是表示他应该继续学习数学，还是应该转学其他科目呢？还是干脆就去学园艺呢？是表示应该把约翰放在一个和他相同智商的儿童一起学习，还是与其他智商水平与他相比高低不等的人一起学习呢？心理学家不回答这些关涉价值和目的论上怎么办的问题，但是他们会进一步研究，如果让约翰得到帮助会对他的心理产生什么影响。产生了影响又怎么样呢？他们可能还是不予以回答。教育学将基于这个事实，进行教育干预，以具体个人的主动健康的发展为价值追求，研究具体个人的动态转化过程。

研究定位不同。虽然从研究对象上来看，宽泛地说，二者都以人为研究对象，以人的发展为关注重点。但是，心理学主要是从存在（事实）的角度来考察人的变化与发展过程，而教育学则从价值（规范）的观点，把人的发展看作一种实践行为，这种实践行为具有强烈的价值意识，它引导人们朝向价值期待的方向发展，它连接了存在和价值的两个方面。

研究任务同中有异。教育学和心理学都要揭示规律。心理学研究的基本任务是探索心理现象的本性、机制、规律和事实。例如，对于机制，心理学上借用这一术语是指要了解心理的内在工作方式，包括有关心理结构组成成分的相互关系和变化，这些结构间发生的生理变化和相互联系。而教育学以研究教育的综合生成和动态转化过程，揭示这一生成过程的一般规律为目的，其中包括教育活动的价值取向及规律性演变（含教育目的的形成与变化），教育过程的本质及规律研究（教育要素间动态的相互作用及转化）。把事理研究揭示的一般规律运用于对教育实践的直接具体认识及对其合理性、有效性的研究，可称为应用性教育研究。

当然，教育学和心理学的学科差异，还表现在表达范畴、研究方法和前提假设等方面。例如，这些表达范畴相异却具有内在关联性。心理学最一般的范畴包括主体与客体、遗传与环境、个体心理的内容与形式等；教育学常见的表达是教师与学生、儿童的年龄发展阶段与教育、知识和能力之间的建构、教学内容与教学方法等。

（二）教育学与心理学的分歧与共识

心理学不同流派有不同的人性观，例如，精神分析心理学从性恶论出发，认为人的一切行为受潜意识、本能冲动和欲望所驱使；早期的行为主义心理学持"白板"的人性观，认为人性无所谓善恶，人性的善恶由后天的环境和教育决定；罗杰斯认为人性本善，人基本上是朝着自我实现、成熟和社会化的方向前进的。后现代主义心理学对以上人性观持批评态度，主张人性是社会的建构、关系的存在，是文化历史的产物，力图摆脱人性的被决定性和客观的存在。其实，人性是一个系统综合体，它所规定的社会的、生物的、精神道德的、理性意识的等方面表现为一个不可分割的整体。只把人性的某一个侧面作为建构理论的前提或核心，虽然深刻和洞彻，但是可能难免失之偏颇，而将其理论作为资源的学科，更是需要对这种深刻然而可能偏颇的理论保持一种方法论的意识。

一般而言，心理学者认为，发展，广义上指从出生到成熟直至衰老的生命全程中，个体生理与心理随年龄增加而变化的过程。其间，个体的心身表现出量和质的变化，具有连续性、阶段性和顺序性。不同流派的心理学对发展含义、机制、阶段等有不同的论述，稍后将简要地展开论述。

有教育学者对人性的分析突出了教育促进人发展的价值。"体现在个体身上的、区别于其他生物的类特征统称为人性。"在人性的构成上，"现实中的人性，说到底是自然性与社会性的'合金'"。但是，"较倾向于强调社会性的一方……必须吸取强调自然性一方的合理因素，即应承认人的发展在可能性上确实会受到自然性的限制"。在人性的善恶上，"人性……本无所谓善恶"，"对人性善恶的评价可转化为对人需要的研究"，因此，"教育对于个体的意义，就是使个体具有正确合理选择自己发展方向的能力，提高个人满足自己合理需要的能力和向新的需要层次跃迁的意识和能力"。这种人性观与心理学、生理学、哲学、社会学等的人性观卓然有别，体现了教育学者对人的研究之特殊视角，即教育中的个体是复杂的整体，个体是在各种教育活动中获得发展的，个体的发展必须在教育与社会关系和教育与人的发展关系的微观层次上获得统一。这种卓然有别的人性观是教育学科自我意识发展的结果。

在这种人性观得到确立的过程中，发展的概念与心理学的发展概念亦有不少异同。"个体发展是指人的身心诸方面及其整体性结构与特征随着年龄的推移而发生不断变化的过程。它贯穿于生命的全过程，从生命孕育的瞬间始至跨入死亡的门槛。个体发展沿着一定的程序前进，表现出阶段性，阶段与阶段有量的变化，也有质的和结构性变化，变化既有连续性的一面，也有非连续性的一面。"

从"行为""机体""机能""神经系统"等用词来看，以上两个概念明显受到了心理学发展概念的影响。它们均认同发展是一种变化，但是相比于心理学的发展概念，并没有强调发展是随着"年龄增加"而发生的变化。其原因可能既是它们将发展时期无意识地界定在"儿童和青少年时期"，也是它们认识到教育条件下的发展并非与"随着年龄增加"而带来的发展一致。它们都受到了苏联善治生理心理学的巴甫洛夫之学说的影响，"他证明可塑性乃是神经系统的一个最主要的特征。作为人发展之生理基础的高级神经活动类型，并不是一成不变的，在一定生活条件的影响下，在有计划的教育的影响下，神经类型是可以改变的"。相比较而言，《教育概论》更强调人发展的主动性、全程性、整体性和层次性。它以人性观和此发展概念为核心，对影响个体发展的因素、个体发展的阶段等展开了较为系统的论述。

（三）同舟共济：教育心理学

现在的教育学家与心理学家都在为教育学与心理学作为一门科学存在，进行不懈的努力，教育学研究因强调实证与心理学结下了不解之缘。拉伊的实验教育学就是实验心理学与教育学结合的产物。不过，教育心理学的产生源于裴斯泰洛齐提出的"教育心理学化"的主张。他在《论教学方法》中开宗明义地指出，"我探索使人类教育心理学化"，所谓教育心理学化，就是把教育与教学建立在心理学的基础上，以使教育与教学符合人类智慧发展的规律。他指出"我……寻求人类心智的发展必须服从的规律。我认为这些规律一定如同物质的大自然的那些规律一样，并且确信初等教育的心理学方法，可以在这些规律中寻求可靠的思路"。而教育心理学作为一门独立学科的出现，则源于美国心理学家桑代克1903年出版的《教育心理学》，该书1926年由我国教育心理学家陆志伟译成，商务印书馆出版。我国的教育学与心理学的结合始于《奏定初级师范学堂章程》规定开设的"教育学"课程，将"心理学大要"安排在"教育原理"中讲授；1907年3月8日学部颁布的《奏定女子师范学堂章程》同样规定"教育学"课程含"心理学大要"。20世纪20年代开始在一些师范院校或文学院开设教育系科，设置的课程中开始包括"教育心理学"，这种状况一直保持到"文革"以前。其间，我国心理学会于 1962 年成立了教育心理学专业委员会，教育心理学研究逐渐步入正轨，"文革"期间被迫中断。1976 年后，我国高等师范院校相继开设了《教育心理学》课程，研究机构与人员迅猛发展，各种教材纷纷问世，其中主要有潘菽主编的《教育心理学》、邵瑞珍主编的《教育心理学学与教的原理》、韩进之主编的《教育心理学纲要》、李伯黍与燕国材主编的《教育心理学》、邵瑞珍主编的《教育心理学》、陈琦与刘儒德主编的《当代教育心理学》、张春兴著的《教育心理学》、吴庆麟著的《教育心理学》、张大均主编的《教育心理学》、冯忠良等著的《教育心理学》、张爱卿著的《现代教育心理学》、皮连生主编的《教育心理学》等。

教育心理学是作为一门应用的独立发展学科，兼有教育学与心理学双重因素。因而，它既可以看作教育学的一个分支，又可看作心理学的一个分支。教育心理学可根据归依的对象不同，分为"姓教"的教育心理学与"姓心"的教育心理学，前者隶属于教育学，可正名为"心理教育学"，后者隶属于心理学，即为名副其实的教育心理学。心理教育学的研究对象是教育现象，具体来说是把心理学的理论应用到教育领域，对教育经验进行演绎与思辨的推理。普通心理学所研究的关于正常人的心理活动的最一般的规律和理论，在教育活动中得到了极为广泛的应用，特别是诸如记忆、思维、能力、情感、气质、性格等方面的研究成果，在教育活动中具有很高的应用价值，成为教育理论和实践的重要科学依据，至今仍在发挥着重要而积极的作用。例如，普通心理学中关于创造力的研究，已取得了不少成果，这些成果大多数能在学校教育中加以应用，并正成为当前学校教育中全面推进以培养创新精神和创新能力为核心的素质教育的重要心理学原理。发展心理学中关于学龄阶段青少年儿童的心理发展特点及其规律的研究，则是教育中应用心理学理论的又一极为重要的方面。它直接涉及教师如何在教育活动中认识自己的教育对象，以便有针对性地因势利导、因材施教，把教育工作充分建立在青少年儿童心理发展规律之上。例如，德国心理学家艾宾浩斯首次采用实验法研究记忆，发现了遗忘曲线与分布复习的规律，不但为科学的记忆研究开了先河，而且直接影响到教师在教育过程中如何利用这一规律来提高学生的学习效果。这不但在多数教育学的著作中得到了明显的体现，而且在教育家的教育理论中得到了应用，如苏联赞可夫的新教育体系吸收了心理学家维果茨基心理学中关于"最近发展区"的理论；美国布鲁纳结构主义教学理论受瑞士心理学家皮亚杰关于儿童认知结构理论的影响；保加利亚洛扎诺夫的暗示教学法则是以无意识心理研究为主要理论依据的。心理教育学主要是将心理学的理论应用于教育，教育心理学创始人桑代克进行的都是"有关学习问题的纯理论研究，而不是对教育实际中人类学习行为进行直接研究。他们得出的学习规律虽然具有科学的可验证性，但难以用来解释人类复杂的学习现象"，因此，需要"研究学校情境中学与教的基本心理学规律"，将其从纯理论的实验研究走向教育情境中的实际应用研究。正如维特罗克（Wittrock，M.C）所指出的，"教育心理学应超越其陈旧的'心理学原理应用于教育的观念'，现在应给教育心理学一个更自由的定义，即科学地研究教育情境中人类的行为"。它重视从心理的层面来分析教育问题，但走至极端极易与儿童心理学等同起来，甚至可能认为"儿童的心理发展独立于教学和教育，是按自身的（内在的）规律进行的，教学和教育的组织本身应当考虑到并利用内在的规律"。故教育心理学如何将心理研究与教育情境进行有效的结合，不但直接决定着教育心理学的前途和命运，而且决定着教育学与心理学各自未来的发展格局。教育学要适切地关注儿童，关注有生命的活生生的个体，就离不开心理学作为学科体系建立的理论基础，不但要借助心理学的研究成果，而且更要借助心理学的研究方法，以形成具有生命活力的教育学体系，或称作心理教育学体系。心理学要更好地为教育服务，就不得不重视学校情景中心理现象的研究，将心理学的理论与教育实践有效地结合起来，以形成具有教育生态效度的心理学体系，或称为教育心理学体系。

第二节　教育心理学研究的原则和方法

一、教育心理学研究的原则

所谓研究原则，实际上就是方法论问题，即指教育心理学研究的指导思想。教育心理学的方法论是唯物辩证法。为了贯彻唯物辩证法，在教育心理学研究中要坚持客观性原则、系统性原则和理论联系实际的原则，只有这样，才能对教育过程中的心理现象做出科学的解释。

（一）客观性原则

客观性原则，就是遵循实事求是的原则，按照客观事物的本来面目予以揭示，以研究心理的本质、规律、机制和事实。心理现象作为一种反应过程，是由客观事物引起的，通过个体内部一系列的心理生理变化，表现为人的外部活动。因此，客观地研究心理现象是完全可能的。教育心理学的研究过程，尤其在实验设计、材料收集上要注意尊重客观事实，从心理现象所依存的客观条件和外部活动表现去揭示规律；从客观事实到研究结论的推论也要建立在逻辑规则上，要注意全面分析，不可任意取舍。

客观性原则主要包括两层含义：一是尊重客观事实，而不凭臆测加以歪曲；二是在实验中要严格控制无关变量，平衡或消除各种影响因素，真正而准确地反映实验研究的变量关系。例如，研究中学生的智力发展水平以及学习策略，我们可以采取这样的方法：要求学生把一系列数字加起来，观察他们给出什么答案，记录他们的作答时间，就可以间接推知其智力发展水平情况。如果让儿童在做题时说出头脑中进行的所有活动，详细记录，然后进行分析，还可以了解到在解题时所使用的策略。在这里，需要遵循的客观性体现在：一是在整个实验过程中，要客观正确地记录实验进程和结果；二是在实验控制上，要切实控制好实验的环境、被试者的人口学变量等，真正做到标准化。

为了更好地贯彻客观性原则，在研究中要做到以下几点：第一，研究设计要从客观实际出发，坚持实事求是的态度；第二，收集资料要如实地记录被试者的外部刺激、机体反应、行为表现及口头报告，不能用推断、臆测代替客观事实；第三，要对所获得的全部资料，包括相互矛盾的事实，进行全面的分析，在此基础上才能做出最后结论。

（二）系统性原则

所谓系统性原则，就是用系统论来考察心理现象，把人的心理作为一个整体的、动态的系统加以考察。要求研究者以系统的观点多层次、多侧面进行研究，不能孤立片面地看问题。研究要取得可靠的结果，需要全面考虑、深入分析研究对象各系统、各要素的关系。

人的心理是具有各种机能的有机整体。无论我们对人的心理现象做怎样的分类，这些分类在一定程度上都是有条件的。在特定个体身上，各种心理现象总是相互联系而成为一个统一的整体。离开了人的心理的整体性，各种心理现象的特性及其相互作用便无法理解。同时，人的心理又处于各种不同的关系（心理与环境刺激的关系、心理与生理、心理与行为活动的关系）之中，因而又表现出具有不同的质的特点。在教育心理学中，教—学过程的各个因素和环节都是紧密相连的，真可谓牵一发而动全身。例如，教学效果、学习动机、学生需要、学生归因、学生期望、学生自我效能感、教学内容、教学方法、教师的期望学习环境、课堂管理等因素都是相互影响着的。因此，在研究工作中就应全面地考察心理的各种关系。

贯彻系统性原则，在研究中要做到：第一，研究设计要考虑心理的发展、变化，要考虑被研究的心理现象与其他心理现象之间的关系；第二，在研究过程中，要善于发现处于萌芽的心理特点，切忌用固定的眼光看待学生。

（三）理论联系实际的原则

教育心理学的研究，从选题到具体研究过程，都要做到以教育心理学的理论为指导，避免研究的盲目性，增强自觉性，提高研究的效率和水平，并从教育实际需要出发，最终要解决教育教学中的实际问题。

理论联系实际原则要求在研究中要做到：一是教育心理学研究要从教育实践出发，特别要注意教育改革中的心理学问题，结合教改开展研究；二是研究的成果要应用于教学实践，接受实践的检验。

在重视理论指导的同时，要重视对于教育实践的考察和研究，从教育实际需要出发，解决教育、教学中的实际问题，与学校的教育、教学改革联系起来，这样才会有所发现，有所进步，也才可能形成具有中国特色的研究成果。

（四）教育性原则

教育心理学的研究应注意贯彻教育性原则，也就是说，研究者进行研究要符合学生身心发展规律，具有教育意义，有利于学生的正常发展。一切不利于学生身心健康的研究都是不允许的，这是进行教育心理学研究不容违背的一条基本原则。

研究教育过程中的心理活动及其规律是为了更有效地学与教，而不是为研究而研究。在教育心理学研究中坚持教育性原则，不仅要在选题上考虑教育意义，使其结果有助于教学、教育质量的提高，而且要在研究设计和研究过程中注意对学生有良好的教育影响，不能有损学生身心健康。这就要求研究者保持教育者的意识，把促进学生心理发展与所进行的研究协调一致起来。

二、教育心理学研究的方法

方法论，是指人们用以观察、认识和理解客观世界的一种观念、一种思想，或者说一种思想方法、思维工具。它具有以下几个特点：第一，它适用于整个客观世界，即具有所谓的"普适性"；第二，它具有抽象性或思想性、哲学性，而不可能是实在的、实证的；第三，它具有深刻性，在它的指导下观察、理解事物更容易深入内层，抓住本质；第四，它不只是知识，不只是理论，不是只要懂得它，从理论上承认它就可以得到它，而是还要继续去理解它、运用它，以形成思维习惯，也就是需要一个修养、修炼的过程；第五，它具有指导性，一旦武装了人，它将指导人的思维和行为。科学的方法论不仅帮助人正确地理解世界，而且帮助人去创造方法和工具，方法论也是一种世界观。

教育心理学能达到较高的科学水平要靠其方法论，靠其自身的研究方法，要想学好教育心理学，就必须了解教育心理学的研究方法。只有学习教育心理学的研究方法，我们才能知道教育心理学领域中的知识是如何得来的，如何正确评价你所接触的知识，然后如何应用这些方法解决实际的课堂问题。本章准备从方法论层面介绍研究教育心理学的具体方法。

（一）教育心理学研究的方法论

1. 辩证唯物主义与教育心理学

方法论是一个博大精深的科学体系，辩证唯物主义的哲学是方法论体系中最高层次的方法论。因为辩证唯物主义哲学是人们对自然、社会及思维认识的最高层次的概括及科学总结，它揭示了世界上万事万物的唯物本质及其变化发展的一般规律。唯物辩证法的核心是一切从实际出发，辩证地、发展地、全面地、历史地、实事求是地看待问题。显然，教育心理学应以唯物辩证法为最高方法。

（1）辩证唯物主义关于心理的能动反映论观点揭示了主观与客观、心理与客观现实及活动等的辩证关系，为我们科学地认识学习与教学的心理规律提供了指导思想。遵循辩证唯物主义的反映论观点，易于认识各种学习的本性及其规律，科学地解释学生学习由不知到知、不会到会、不遵从到遵从这样一系列心理变化问题，科学地解释教师和学生作为教与学的主体在学习实践活动中的位置、作用和发展规律。

（2）唯物辩证法是关于事物普遍联系的科学，运用唯物辩证法的思想观点来处理教育心理学与其他心理学科与教育学科的关系，找到它们的特殊与一般的辩证关系，从本学科的独立性及其与邻近学科的关系研究教育心理学的问题，使教育心理学更加完善。

（3）在教育心理学发展过程中，有关理论与实践、继承与创造、借鉴与发现等一系列问题，在理论界历来都是争论不休的重大问题。这些问题都需按照唯物辩证法的思想方法去探讨和解决。

2. 系统论、信息论、控制论

系统论、信息论、控制论是哲学方法论的下位层次，现代科学和技术的发展，正在改变着传统的学科研究。这种发展的一个重要特征就是系统论、信息论、控制论等方法论向其他学科的渗透，为各学科领域的研究注入了新的方法和生机。研究教育心理学当然也离不开这些方法。系统科学，顾名思义，即以系统为研究对象的科学。但由于研究角度的不同，它又分为三个方面的内容，即系统论、信息论、控制论。

（1）系统论。系统论的主要研究对象是系统的本质、特征、变化规律及系统方法等问题。主要分支学科包括：普通系统论（一般系统论）、系统工程学、系统动力学、自组织系统理论、复杂系统理论等。系统论是系统科学的核心。

教育作为一个系统，是社会大系统中的一个子系统，教育系统的本性由社会系统的整体特性决定。教育内部同样应该是一个有序的系统，系统的有效性决定了教育系统的育人功能。从系统观点出发去研究事物时，就是要从其结构与功能两方面去认识这一事物。揭示系统的构成要素，并了解各要素之间的关系及其每一要素与整体之间的关系，使每个子系统的结合必须对整个系统有贡献，以促进整个系统的发展。同时要认识系统与环境的关系，在大背景下认识和构建事物。

按照系统论来审视教学系统，教学过程充满了不确定性和不可预见性，教学系统同时也是一个非线性系统。非线性教学系统同传统教学系统相比较，它存在着教学系统的线性与学习者、学习过程的非线性矛盾，信息输入的确定性与思维的非预测性的矛盾，以及教学设计过程的封闭性与学习内容开放性的矛盾。教育心理学就是要以系统论的方法来认识和研究教育教学系统中的矛盾，试图更好地解决这些矛盾。

（2）信息论。信息论主要以传递于系统内部或系统之间的信息的本质、构成、传递、发生规律及信息方法为研究对象。这是撇开事物的具体运动形态，把各种系统的有目的的运动抽象为一个信息变换的过程，用信息这一中心概念来分析和处理问题，即研究系统是如何接收和使用信息的，系统与外界环境之间的信息输入与输出的关系是怎样的。这与人的认知有着如出一辙的规律。现代心理学和计算机人工智能的研究已经确认，人类的认识过程是一个信息输入与输出的过程，具有信息变换的一般特性。从信息论出发，利用电脑来模拟人类的学习与认识过程，进一步揭示人类学习的内在机制，如揭示学生学习的本质特征，信息是如何转化的，等等。教育心理学就是要借用信息论的方法研究学生是怎样获取、传递、变换、储存和使用信息，以实现学习目标的。

（3）控制论。控制论主要研究的对象是系统控制过程的实质、机制及控制方法等问题。目前已形成工程控制论、生物控制论、社会控制论、人工智能四大分支学科。控制论将事物的运动过程看作一个有目的的自动控制系统。控制是通过反馈而实现的，反馈可以使系统具有自动调节的功能。这种自动调节是以信息为依据，信息决定着控制系统如何工作、工作的程度如何、朝向何种目标等。学生的学习过程是一个开放系统，是在主客体相互作用下而形成的自动控制系统。学习者在与环境相互作用的过程中，不断地进行着信息的输入、加工、输出等活动，并利用头脑中形成的定向映象来完成心理的定向调节作用，并以外显的反应作用于环境。而反应是否适当，是否与个体的需要、目的相符合，这就有赖于信息反馈。所有这些都表明，心理是一个信息控制的自组织系统，能够按照一定规律来自我控制地进行活动，实现从无序到有序的发展。教育心理学就是要借鉴控制论这一理论来研究这些过程，以寻求这些规律。

（二）教育心理学主要的研究方法

在具体的研究中，由于研究的时间、被试者、收集与处理资料的方式等各种条件的不同，教育心理学的具体研究方法也多种多样，这里只介绍几种常用的方法。

1.调查法

调查法就是在自然条件下，对所要研究的对象的状况进行实际了解，收集有关资料的一种方法。调查既可以是直接的，如对调查对象进行观察、测量、访谈等，也可以是间接的，如作品分析、经验总结等。调查既可以是全面的普查，也可以是根据要求进行抽样调查或个案调查。无论何种形式的调查，都不控制、变更或干预调查对象及其所在的环境。

（1）观察法：观察法是应用感官或借助科学的观察仪器，有计划有目的地对被试者的言行表现进行考察，是收集资料的一种方法。观察法是教育心理学研究中普遍使用的一种基本方法，如研究者对学生的课堂行为的观察等。观察法既可以作为一种独立的收集资料的方法来单独使用，也可以作为调查的一个开端环节，与其他方法结合使用。

与其他方法比较而言，观察法既有其优越性，也存在一些缺点，这主要从以下几个特点中反映出来。

①可获取当前所发生的行为和其他现象的有关信息。这不仅可以使观察者把握全面现象，而且可以注意到当时的特殊气氛与情境。

②可获取不能直接报告或不便报告的对象的有关信息。

③可获取真实而自然的有关信息。由于不受观察对象的注意或不对观察对象进行干预、控制，所以所观察到的行为表现是最自然而真实的。但由于所观察到的可能仅是被试者所表现出来的行为的一小部分，而且在没有控制的条件下，可能有一些无关变量的干扰，所以，不易从所观察到的资料中得到某种因果关系的推断。

④通常不要求观察对象的合作，但对观察者的要求较高。

使用观察法应注意的问题。我们引用冯忠良等著的《教育心理学》一书中的一个例子来说明观察法的使用。

①做好观察的前期准备工作。所有的研究中所应用的观察法都要做好观察前的准备工

作。要有确定观察目的，制订观察计划、观察对象、观察工具。例如，要用观察法来研究学生课堂违纪行为，则事先应该确立观察的时间段（一节课的开始段、中间段、尾声段）、具体的观察内容（可能的违纪行为）、观察的指标（如违纪行为发生的种类、频率、持续时间等）、观察工具的准备（观察记录表、摄录像设备），等等。这实际上将观察的目的分解成可操作性定义的过程。

②做好观察记录。完整而准确的记录有助于事后的整理、分析和进一步的深入研究。观察记录有多种形式，如详细记录有关的各种事实的描述性记录方式、按照等第评定量表或行为类型编码系统来记录的数据记录形式、借助视听设备进行观察记录的工具记录形式，等等。无论何种形式的记录，都应尽量做到完整、客观、准确、有序。

③消除观察者误差。观察过程中，防止观察者站在自己的角度观察和分析，带有某些反应偏向，影响观察和记录的客观性与可靠性，造成不同程度的观察误差。因为每一位观察者都拥有不同的经验，但若具有某种偏见性的经验倾向时，就会使观察记录具有某种潜在的误差。比如，观察者对观察对象所产生的成见，可能给予观察对象过宽、过严或趋中的等级评定。所以，应对观察者进行必要的训练，并尽可能利用较客观的观察评级方法，使可能产生的误差减少到最小限度。

（2）访谈法：访谈法是指通过研究者与研究对象的交谈来收集有关资料的一种方法。比如，通过应用访谈方法，可以了解学生深层次的学习动机、学习方法、家庭情况、同学关系，等等。应用访谈法，可以获取非常丰富、完整和深层次的信息，对于个案研究非常有用。访谈法的基本特征是通过直接的面对面的交谈或间接的电话交谈来获取有关信息的，具有以下几个特点。

①灵活而易于控制。研究者可根据研究目的随时调整、追加或重新解释有关问题，对重要的问题可以适时强调并导向深入。它使访谈对象既可以自由发表意见、坦率直言，又可以在适当控制下不偏离主题。但对于访谈结果的处理与分析比较复杂，难以量化。

②适用范围广。可以对各种类型的个体访谈多种不同的问题，成人、儿童、文盲等都可以接受访谈调查。但访谈需花费时间与精力，这就导致访谈对象的数量受到限制，使用该方法的代价较高。

③访谈的效果取决于双方的合作。由于访谈是谈话人之间的一种社会交往过程，谈话双方的心理特性与行为等相互影响，这给研究工作带来了复杂性，也对访谈者提出了更高的要求。

使用访谈法应注意的问题如下。

①做好访谈的前期准备工作。为防止毫无目的、不着边际的漫谈，应根据调查目的事先确定访谈的目的，选取访谈对象，拟定访谈程序，这是正式访谈之前要做好的。还应该配备摄像、录音、纸张文具等工具，以期收集到全面、关键的资料，并为将来的整理、核实提供准备。

②把握访谈的方向与主题。访谈时应紧扣主题，尽量避免题外话；所提问题应尽量明

确而具体，遣词用字应使访谈对象易于理解；随时观察访谈对象的情绪变化及其出现的新问题，既不能使访谈受其情绪变化所左右而跑题或中断，同时又要捕捉与调查目的密切相关的新信息，将其纳入访谈内容之中。

③掌握访谈技巧。从访谈双方的初次见面到正式开始访谈及结束，包含着访谈技巧。首先应做自我介绍，并利用对方感兴趣的事情作为话题而引入。交谈过程中应设法营造一种愉快而友善的气氛，使访谈对象畅所欲言，并始终围绕着访谈主题进行。应注意访谈问题的组织与编排，尽量使各个问题过渡自然，并能激发访谈对象的兴趣与动机。对访谈过程和结果的记录也应讲究技巧，以免因记录而中断、扰乱谈话主题，或引起访谈对象的不满与戒心。当然，访谈也要注意误差，不能带有更多的个人主观因素。

（3）问卷法：问卷法是将按照要求科学设计的问卷（系统问题或表格）发给（或寄给）研究对象，请求其如实回答，进而收集资料和数据的一种方法。问卷法适用范围非常广泛。问卷法的主要特点有以下几点。

①不受人数限制，样本可大可小。既适合小范围的调查，也适合大规模的调查，取样范围广泛，有利于收集丰富、充分的材料。但有时因各种原因使问卷回收率较低，达不到预期效果。

②适用范围较广泛。问卷调查所涉及的内容几乎不受限制，无论是内隐的心理活动还是外显的行为都可使用问卷法。但有时难以辨别答卷内容的可靠性，影响所得资料的真实性与结论的科学性。

③资料易于整理和统计分析。由于大部分的问卷调查是可以按照标准化的方式回答的，所以对这些资料便于做数量化处理。

④对问卷的编制有较高的要求。编制一份良好的问卷的难度较大，在问题的数量与顺序、问题的措辞、问题种类与复杂性等方面都有相应的要求。

使用问卷法应注意的问题如下。

①依据研究目的确定问卷框架。根据有关理论和研究的目的与假设，确定研究的内容与范围，主要包括确定问卷的形式（开放式、封闭式或综合式）、调查对象的选择与取样、问卷内容与范围的界定、所欲采取的统计分析和解释的方法等。问卷框架构建不合理，直接影响其结果的可靠性。其中问卷的内容尤其重要，应将那些能全面、客观、正确地反映和说明调查现象的材料作为问卷的内容。内容若有偏差，则整个问卷都会发生偏差。

②编制合适的问题。问题是问卷的主干结构，要调查研究的内容是通过一系列的问题来体现的，问题编制直接决定着研究的成效。问题的措辞应简洁明确，易于理解，避免使用诱导性或情绪化的字句；问题的数量和回答时间应适中；问题呈现的顺序应依据先易后难、先简后繁的原则。必要时，还应编制一些测谎题和校正题，以保证其科学性。

③对问卷进行试测与修订。在正式试测之前，应先进行小范围的试测或预测。通过试测，可以检查问卷所存在的缺陷，修改那些含糊、容易引起混乱的问题。应对问卷进行项目分析，考察其效度与信度，检查是否达到所要求的质量。根据试测的结果，再次修订问

卷，以保留、删除或补充某些题目。

（4）测量法：测量法是应用某种测验来研究心理活动规律与特性的一种方法，即按照一定的规则与程序，对心理现象进行数量化测定。智力测验、人格测验、教师自编的各种学科测验等都是教育心理学研究中常用的测量手段。通过测量，可以为进一步的诊断、评价、甄选和有效的教学与指导提供依据。

测量法也具有适用范围广、所得资料较客观真实且易于整理和分析、施测简便等特点。但心理测量又具有特殊性，主要表现在以下几方面。

①以测验作为研究的工具。通过考察个体在测验题目上的得分来评定、推断其心理过程或心理特质，这与通过观察、访谈等获取信息的研究方式是不同的。

②测量的结果具有相对的稳定性，并经常以类别、等级和顺序关系加以表示。好的测验能够测量出表现于一个人行为方式上的稳定的心理特质。由于心理特质也会随条件的变化而发展、变化，所以测量所得结果的稳定性也是相对的。

③对测验的编制、选用具有较高的要求。要想测量出学生的真实心理状况，测验本身应该可靠、准确、具有实用性。同时，对于某些测验而言，还应该由受过专门训练的工作人员来施测、记分和解释等。

使用测量法应注意的问题如下。

①科学地对待测量。心理测量方法在实际工作和理论研究中具有非常广泛的用途，如学科单元测验、高考测验、能力测验等。但由于研究手段和测量工具不完善，使用这种方法时必须慎重，适度控制，以免滥用。

②编制符合要求的测验。测验的编制是一项严肃的、要求较高的任务，测验编制水平的高低直接决定了测量的效果。应严格按照编制测验的基本原则、一般步骤和方法进行，并确立鉴定测验优劣的标准，如测验的信度、效度、实用性等。测验编制者不仅对心理与教育领域的有关问题要具有较深的造诣，而且要通晓测验的基本原理和编制技术。

③保证测验的严格施测与客观评估。一般而言，应该由具有一定资格的专业人员按严格的规范来实施测验，并对测验的结果进行客观准确的评分、解释和诊断。对于某些心理测验而言，还要求测验的使用者恪守职业道德。

2. 实验法

实验法就是从某种理论或假设出发，有计划地控制某些条件，以促使某种或某些现象的产生，从而对其结果进行分析研究的一种方法。实验既可以在实验室条件下进行，也可以在自然条件下进行；既可以对动物进行实验，也可以对人进行实验。与调查法相比，实验法要人为地控制或创设实验情境，以揭示各种变量之间的关系。教育心理学研究中常用的实验法主要有实验室实验和自然实验两种。

（1）实验室实验：实验室实验是指在特别创设的条件下（通常指实验室）进行的实验。教育心理学的一些研究是通过实验室实验来完成的，比如，早期对动物学习的研究多是在实验室中进行的，而现在对学习的内部认知过程的一些研究也可以在实验室中进行。这些研究常常要利用专门的仪器和设备。实验室实验的主要特点如下。

①对实验情境和实验条件进行严格控制。通过对实验场景、实验刺激（自变量）、被试选取及反应等多种因素的人为主动控制，可以排除无关变量的干扰，探讨在其他条件下无法研究的种种现象，揭示各变量之间的因果关系。但由于实验的人为控制，有时难以将实验室内得到的结论直接推论到现实中。尤其对于一些复杂的心理现象的研究，如社会规范的学习过程的研究等，实验室实验有一定的局限性。

②实验结果的记录、统计比较精确、客观。借助实验仪器和统计学技术来准确测定、记录和处理资料，使结论的科学性与精确性有所增强。

实验室实验应注意的问题如下。

①实验设计要科学。实验设计是在实验之前对如何操纵自变量、控制无关变量以及如何检测因变量的一种扼要的计划，它是保证实验顺利进行的一个非常重要的先决条件。由于研究目的、变量类型及其关系等的不同，实验设计有多种多样的方式。研究者应该根据所要研究的问题来确定、选择自变量与因变量，识别无关变量，并确定具体的实验设计类型。

②控制无关变量。无关变量虽然与实验目的无关，但若不加以控制，将影响实验结果，使实验半途而废或达不到预期效果。无关变量的控制是实验室研究中非常关键的一个问题，也是研究者极为关注的。控制无关变量的方法有许多种，一般是通过合理的实验设计和统计处理（如协方差统计分析）来解决。

③选择和利用恰当的实验仪器。由于实验室实验的特殊性，往往要利用特定的仪器来帮助呈现刺激、控制环境、测量或记录实验过程、处理实验结果等。现代化仪器的使用，使教育心理学研究的水平大大提高。但在选择和使用仪器时，应该使其性能符合研究目的和要求。

（2）自然实验：自然实验又称现场实验、实地实验，是指在实际情境下进行的实验。这种方法越来越受到研究者的重视与认可，教育心理学的许多研究都是应用的自然实验方法，比如，各种形式的课堂教学与课堂行为的有关研究都属于自然实验。

自然实验法的特点如下。

①与实际联系密切，易反映真实情况。在实际情形中进行研究，既进行了适度的控制，又不失其真实情境的特性，因此可以获得较为真实、可靠的资料，研究的结果具有普遍性和实用性。但自然实验一般花费较高，所需的研究技能也较复杂。

②研究中涉及的变量较多。

由于是在真实的自然情境中进行的研究，被试者的取样与分配、实验处理等都不是随机的，而是以符合实际条件的方式来操作的，有许多变量参与到实验中，影响着实验结果。需要应用不同的方法，在不同的时间对变量之间的关系进行多次检验，以确定其结果是否一致。

自然实验应注意的问题如下。

①详细制订实验计划。由于自然实验涉及的变量较多，更应在实验之前周密考虑，依据研究的目的来确定要考察和控制的变量、所选用的实验设计方案。同时也应确定所选被试的类型与数量、实验规模与时间、实验结果的统计与分析方法，等等。最好是将实验的各项步骤编成进度表，以便严格控制执行。

②尽量控制无关变量与误差。与实验室实验一样，自然实验也要对无关变量进行最大限度的控制，以保证实验结果的真实、有效性。通过实验设计，尽可能地将实验控制在基本合理的范围内。而在实验的实施过程中，也会不可避免地出现许多影响实验的意外事件和干扰因素，致使实验结果产生误差。比如，被试者的中途退出、各种实验者效应（如期望效应）、被试者效应（如安慰剂效应）等。针对这种情况，应该在实验之前充分考虑，采取预防措施；实验过程中采取及时的补救措施，以将误差减至最小。

上述列举的几种方法各有其特点，在实际的教育心理学的研究中，往往是多种研究方法的合理的综合应用，而非某种单一方法即可奏效的。应该根据研究的目的，来选取恰当的方法。

（三）教育心理学问题的研究程序

1.确定研究课题

选择、确定具体的研究课题是进行教育心理学研究的第一个问题。确定课题是为了决定将要研究的内容、途径与方法，在某种程度上也决定了长时期内的主攻方向，制约着后续环节运行的深度和广度。定题的成功与否对整个研究的成败、效果和取得突破性成果的速度等都起着决定性的作用。

（1）确定研究课题的方法。

①从实践领域中选择课题。教育心理学研究的主要目的之一就是解决教育实践问题，关注、捕捉教育实践中的热点问题和亟待解决的普遍问题，可发现、选择有意义的研究课题。比如，当前中小学中存在的厌学问题、学习方法问题、心理健康问题、外语学习问题等都是值得研究的课题。

②从理论领域中选择课题。根据不同理论观点的争论来选择课题，或者通过对现有理论观点的质疑而提出研究课题，也可为证实某种理论观点而确立相应的课题。

③从交叉或相邻学科中选择课题。由于各学科是相互渗透、相互关联的，选择交叉性的课题或从邻近学科中借用、引进研究方法与手段等，都有可能确立非常有价值的研究课题，并产生突破性的进展。比如，"多媒体环境下的学生学习规律的研究"即是一个交叉性的研究课题。

④从有关文献中选择课题。通过查阅和评价有关文献来确定研究课题，这是经常采用的一种有效的方法。通过查阅文献，可以发现有价值但尚未进行研究的空白点、研究结果中的矛盾之处、研究方法中存在的问题等，从而确立自己的研究课题。

（2）选题应注意的问题如下。

①确定课题应着眼于教育实践和科学理论发展中迫切需要解决的问题，使之既有一定的社会价值和实践意义，又有一定的学术价值和理论意义，体现该课题的研究具有必要性。比如，根据学生自我效能影响其学习成绩和学习能力的现状，可确定课题"学生自我效能的培养研究"；根据学生差异与因材施教的现状，可确定课题"差异教学的研究"；根据学生中存在的不会处理人际关系的现状，可确定课题"社会学习与人际技能培养的研究"等。

②确定的课题应该具有新颖性和先进性，所预期的结果应该具有一定的独创性和突破性。除研究内容的创新外，在研究设计、研究方法与技术等方面的创新也是不可忽视的。若完全重复他人的研究或过时的研究而没有任何新意，只能流于低水平的重复劳动，造成人力、物力、财力等资源的浪费。

③确定课题应考虑到课题研究所需的各种主客观条件是否满足，即课题的可行性。研究者的能力、原有的研究基础、可投入的时间与精力、研究设备与资料、研究场所与对象等条件应该与课题的要求相适应。

2. 查阅文献

查阅文献是一项基础性工作，是帮助研究者了解现状、把握全局、明确研究方向、形成研究假设、解释研究结果等提供重要的信息。查阅文献既是科学研究的前提，也是创造性研究的起点。

（1）常用的文献资源：文献资源多种多样，目前，较常用的中文索引与文摘工具有：《人大复印报刊资料索引》《中文报刊教育论文索引》《国内外教育文摘》。常用的英文索引与文摘工具主要有：由美国的教育资源信息中心（ERIC）出版的《教育期刊索引》（CIJE）、《教育资源》（RIE）、《社会科学引文索引》（SSCI）、《教育文摘》（The Education Digest）、《心理学摘要》（Psychological Abstracts）等。

（2）常用的工具书：常用的中文工具书有：《中国大百科全书》教育学卷与心理学卷、《教育大辞典》、《心理学大词典》、《简明国际教育百科全书》。常用的英文工具书主要有：《国际教育百科全书》（The International Encyclopedia of Education）、《心理学百科全书》（Encyclopedia of Psychology）。

（3）有关教育与心理研究成果与动态的刊物：国内的主要有《教育研究》《中国教育学刊》《教育研究与实验》《心理发展与教育》《心理学报》《心理科学》《心理学动态》等；国外的主要有：《教育心理学杂志》（Journal of Educational Psychology）、《心理学评论》（Psychological Review）、《教育心理学家》（Educational Psychologist）、《教学科学》（Instructional Science）等。此外，许多教科书、专著、学术会议论文等都是经常要查阅的一些资料。

3. 提出假设

在确定了研究课题，并充分查阅文献的基础上，应该就该课题提出一种带有推测和假定意义的较为具体的理论解释或设想。这种设想说明、陈述了不同变量之间的关系及其相互作用月的程度。比如，"学习技能的训练会提高学习障碍学生的学习成绩"，"解题策略的使用与数学学习水平正相关"。提出假设往往是在确定了变量之间的关系后，可以通过演绎和归纳这两种基本的方法来提出假设。

（1）演绎法。演绎法是从一般到个别，即从某一理论或一般性陈述出发来考察对某一特殊情况的适用性。比如，斯金纳（B.F.Skinner）的强化理论认为学习行为的建立取决于外界的强化，依据这一理论，一些研究者提出了某种具体的假设："教师的奖惩方式决定了学生学习的水平"，"儿童行为习惯的形成与成人的奖惩有关"等。同样，根据奥苏伯尔（D.P.Ausubel）的认知同化的学习理论，研究者可能会提出如下的假设："学生的原有认知结构的丰富性与合理性决定了学习的水平。"通过对这些特殊假设的验证来检验某些理论的正确性。

（2）归纳法：归纳法是从个别到一般，即从许多个别事实中概括出一般性的结论。研究者需要先对特定的现象或事件进行观察分析，或者通过查阅有关文献，在此基础上归纳出一个更一般性的假设。例如，两种知识之间相似点多会影响迁移；原有的知识经验越丰富，越容易产生迁移；原有的知识经验越概括，迁移就越广泛，等等。由此可以归纳出"原有的认知结构的特性影响迁移水平"的假设。

4. 设计与实施研究方案

为了检验所提出的研究假设，研究者必须考虑如何控制各种变量，选择何种研究方法，采取哪些具体的研究步骤等。只有通过周密的科学的计划与安排，才能使研究达到预定目的。在设计和实施研究方案时，具体应注意以下几方面的问题。

（1）确定研究的类型与方法。研究类型有很多种，例如，纵向研究与横向研究、个案研究与成组研究、调查法与实验法。需要研究者根据具体的研究目的和具体的条件来确定研究类型和方法。当然，因为每一种研究类型和研究方法都有其各自的长处与局限性，应综合考虑。例如，探讨学习动机对学习成绩的影响，可以综合应用测量法、问卷法，并对个别的优差生进行个案调查。

（2）确定研究变量。根据所提出的研究假设，详细列举出研究中涉及的所有的变量，并对自变量、因变量或无关变量等加以识别和标识。大部分的研究都会涉及许多变量，这就要求研究者对各种变量有明确的认识，并能根据研究目的来确定、控制或取舍各种研究变量。

教育心理学研究中涉及许多变量，如学习动机、学习能力、心智技能、智力等，为了客观地考察各种变量之间的关系，通常应对这些变量及其有关的概念、术语等进行具体化，即进一步界定它们的操作性定义。

操作性定义是用可感知、可量度的具体事例、现象、外在表现等来说明、界定某种变量的内涵，进一步使研究的问题具有客观性、可比性和可操作性。（操作性定义：是一种规定，它使被确定的需要定义的变量和条件的操作或特征具体化。即需要对研究现象或变量将要用到那些加工或操作过程加以定义，本质上讲，操作性定义是关于如何或者用什么办法测量变量的特征）同时，它有助于不同研究者之间的沟通，减少对研究结果的不一致的理解，以便该研究的重复验证。

例如，情绪控制能力的操作性定义是情绪的认知、情绪的体验、情绪的调控方法等具体指标；智力的操作性定义是 IQ 测验的分数；学习态度用听课的认真程度、上课的纪律性、出勤情况、作业完成情况等具体的指标来表示。

（3）选取研究对象：选取什么样的被试者作为研究的对象，这取决于研究的性质与目的及其研究结果的推论范围。教育心理学研究中常常不可能，也没有必要对研究所涉及的总体进行全面考察，而是需要对总体进行取样，通过有代表性的取样来对总体做出推断。

取样的方法有很多，既可以是随机的，也可以是非随机的。随机取样并非任意地想抽取哪一个就抽取哪一个，而是在规定的总体中，不加以人为干涉，依照均等的原则来选取，即总体中的每一个体被选取的可能性是相等的。但某些研究具有特定的目的或因条件的限制而不能随机取样，这就需要从总体中选择具有某方面代表性的个体或根据一定的主观判断来选择个体，即进行非随机取样。

（4）制定具体的研究程序。在确定了研究对象、各种变量及其变量间的关系后，就该考虑具体的研究程序问题，比如，怎样呈现指导语、如何布置研究环境、如何安排整个研究的各部分的先后顺序、如何呈现研究材料，等等。其核心也就是怎样采取措施对各种变量进行操纵与控制。对不同的变量所采取的方式是不同的，对自变量可通过操纵或选择来加以控制；对因变量则可以通过精确、有效的测量来控制；对于无关变量可以应用消除、平衡、随机化、统计等方法来加以克服、控制。

对各种变量的操纵和控制实际上都是通过各种不同的实验设计来体现的，实验设计就是对于如何操纵自变量、控制各种无关变量以及如何检测因变量所做的一种扼要的计划。通常有真实验设计与准实验设计两种。前者通常用于实验条件控制得比较严格的研究中，后者常用于不易操纵自变量，或者不易对被试者进行随机或等组分配的研究中。在进行实际的研究之前，选择有效而合适的实验设计是非常必要的。

（5）实施研究方案。研究方案的实施是严格按照研究设计进行的操作过程，需要对于各种无关变量如研究环境的布置（声音、光线、空间大小等）不当、各种意外事件（仪器故障、被试者中途退出等）的出现应尽量消除或采取有效措施加以处理、克服。同时，在最佳条件下再使用具体的研究方法。

5. 整理与分析研究结果

（1）整理研究结果。对研究的结果进行整理和分析、解释是研究的关键环节。研究所获得的原始资料或数据是比较零乱、无明显规律的，要求对这些原始的材料进行初步的整理，便于统计和资料分析。要对材料进行必要的筛选，去除虚假、错误的材料，对于缺失或遗漏的材料要查明原因，并视具体情况补齐。整理材料的另一个重要工作是对材料进行初步的编码、归类，使之系统化。编码就是将原始材料进行归类、编组，并以某种代码系统（通常是数字）加以标志，以便计算与列表。

（2）研究结果的分析与解释。整理后的资料只有利用某些方法进行进一步的处理后，才能揭示这些资料所反映的内在规律，为验证和建构理论提供依据。常用的分析研究结果的方法主要有定量分析和定性分析两种。

定量分析。定量分析即对所测得的数据进行统计处理，从而揭示数据的特征，并进行合乎规律的推论。进行定量分析时，选择恰当的统计分析方法是非常关键的。由于课题的性质及其数据类型的不同，往往要采取不同的统计方法。教育心理学研究中常用的统计方法主要有描述统计与推论统计，前者主要利用平均数、中数、众数、标准差、相关系数等指标采表示所研究的对象的特征。后者主要利用参数估计、假设经验和复杂的多元统计分析等手段，从样本来推测总体的性质或比较总体间的差异情况。其中多元统计分析是目前教育心理学研究中比较普遍使用的一类方法。

定性分析。定性分析就是应用分析、综合、比较、归类、演绎、抽象等各种逻辑分析方法，对研究所获得的资料进行思维加工，以揭示其中所蕴含的规律。用于定性分析的资料通常是描述性资料，如文字、图片等。

定性分析侧重于对研究资料的意义的挖掘，重视事件发生、发展的过程，并经常采用自下而上的归纳分析的手段。定性分析的基本思路是对变量及其关系进行分析，由于变量数目的不同，定性分析又包括单变量分析、双变量分析和多变量分析。单变量分析是对影响研究结果的主要变量的特征与规律的描述，双变量和多变量分析则不仅要分析各个变量的特征等，更主要的是对变量之间的关系的剖析。

在教育心理学研究中，经常是综合应用定量和定性分析方法，以真正地揭示研究对象的内在本质。综合应用这两种方法时，既可以先定量，后定性，也可以先定性，后定量。若是前者，则先进行数据统计，然后依据定量分析的结果进行逻辑分析，找出变量的内在联系，并加以推论；若是后者，则先对资料进行分析、归类，划分不同维度或水平，并赋予每一维度不同的数值，然后进行定量的统计分析。这两种方式各有特点，应结合具体的研究来选取。在定量与定性分析的基础上，要对研究结果做出解释，以揭示研究结果的意义。在解释时，应该着重考虑研究结果与事先的研究假设、有关的理论、他人的有关研究等是否一致，推论是否合理，研究结果的可推广性如何，有待进一步探讨的问题是什么等。

6. 撰写总结报告

一份有效、科学的研究报告，既是对所进行的研究的概括总结，也是研究成果的展示，同时还有助于交流和进一步完善。虽然研究总结报告有多种类型，如调查研究报告、经验总结报告、实验报告等，但撰写报告的基本格式是比较一致的。要撰写一份高质量的报告，应该了解以下基本的格式。

（1）标题。标题是对研究内容的高度概括，它应该准确、简洁而新颖，能够展示研究的主要问题。在某些情况下，也可以列主标题与副标题。标题部分也包括作者（研究者）的姓名及其工作单位。

（2）摘要与关键词。摘要即内容提要，是对研究内容与结果的完整而简明的总结，一般不超过 300 字。摘要应将研究的假设、所采用的研究方法、主要研究结果与结论及其理论和实践上的应用等方面的问题加以准确而概括的说明。摘要之后还应提供关键词，关键词即最能代表研究主题的词或短语，一般要求有 3～5 个。这些关键词经常出现于标题中或摘要中，当然也可来源于论文的内容之中。

（3）前言。前言也即引言、问题提出。不同的研究总结报告，前言撰写的方式略有不同。一般来讲，前言要包括三方面的内容：一是文献综述，主要是对已有的研究的状况进行回顾与分析；二是提出研究的问题及其假设：要明确地提出本研究的目的、要解决的问题及其研究的假设；三是研究的理论与实践意义。

（4）研究方法。主要论述研究工作进行的情况，即如何选取被试者、使用何种实验设备与仪器、采用何种研究方法、具体的研究步骤等。

（5）结果与讨论。对研究所得到的数据与资料进行整理、统计与分析、解释。这一部分是研究报告的核心与主体。结果与讨论有时也可以分成两部分分别进行。

（6）结论。结论是研究报告正文的最后一部分，是对研究结果的浓缩与提炼，不是对前面结果的简单重复。

（7）参考文献与附录。应将研究过程中所直接或间接引用的他人和自己的有关资料附在研究报告后面，参考文献应写明编著者、著作或论文题目及其出处、发表或出版年代、版次、引用的页码等。研究过程中所使用的自编量表、测验题、原始的数据与资料等可以列于附录中。

第三节　大学生教育心理学研究

中国有句谚语，"人心不同，各如其面"，即是说人与人之间的心理差异问题。本节从能力、认知风格、人格、动机与需要等方面介绍了大学生的心理差异。

一、能力的差异

能力是一个人顺利完成某种活动的心理条件，它能直接影响活动效率，并在活动中得到发展。由于个体在成长过程中受到遗传与环境的交互作用，因此每个人的能力是各不相同的，即能力存在个体差异。大学生能力的差异主要表现在能力的类型和能力的发展水平上。

（一）能力类型的差异

根据不同的标准，可以将能力划分为不同的类型，一般有以下几种分类。

模仿能力与创造能力的划分。模仿能力指个体通过观察外部行为活动而做出相同反应的能力。如儿童学习电影明星的动作、表情，大猩猩学习人类的动作等。创造能力指个体产生出以前不曾有过的新事物、新思想的能力。如科学家发明新的产品、提出新的理论模型等。模仿能力和创造能力是两种不同的能力，在大学生中有明显的个体差异。有人擅长模仿而不擅长创造，有人既擅长模仿又擅长创造。如一位美术系的大学生模仿大师的油画作品非常逼真，但就是创作不出自己有特色的作品；而另一位大学生却能融合各家之长，在自己的作品中有所突破。

认知能力、操作能力和社交能力的划分。认知能力指人脑对信息进行加工、存储和提取的能力，如观察力、记忆力、思维能力等。操作能力指人们运用自己的身体来完成各种活动的能力。如体操运动员在运动场上的表现就包含操作能力。社交能力指人们在社会交往中所需要的能力，如组织能力、决策能力、临场应变能力等。有的大学生在认知能力方面占优势，而有的大学生在其他能力上占优势。如有的大学生文化课成绩非常优秀，但打篮球、跳绳等需要操作能力的运动却力不从心；而有的大学生文化课成绩不是太好，但操作能力与社交能力却非常强。

一般能力和特殊能力的划分。一般能力指顺利完成各种活动都必须具备的能力，如感知能力、记忆能力、思维能力、想象能力等。我们平常所说的智力就是针对一般能力而言的。特殊能力指顺利完成某种专业活动所必须具备的能力。例如，音乐家具备的曲调感、节奏感及音乐表象能力都属于特殊能力。一般能力与特殊能力的关系非常密切，一般能力是特殊能力的重要组成部分，特殊能力的发展有助于一般能力的发展。

（二）能力水平的差异

能力水平有高低的不同。在学习活动中，大学生能力水平的差异主要体现在智力方面，智力水平的高低可用智商表示。就大学生的总体智商水平而言，明显高于全国同龄人的智商水平，IQ大都在100以上。下面主要分析大学生智力水平的学科差异和性别差异。大学生智力水平的学科差异。这种学科差异不是体现在一般智力上，而是体现在特殊智力方面，即不同专业的大学生在智力发展的整体水平上不存在显著差异，但在智力的各要素方面却存在差异。

国内学者吴福元采用韦克斯勒成人智力量表对86名文理科大学生进行了测试。结果表明，在常识、心算和词汇三个分测验中，文理科大学生有显著差异。文科大学生在常识和词汇分测验中得分显著高于理科大学生，说明文科大学生在语言领域的发展水平要高于理科大学生；理科大学生在心算分量表中的得分明显高于文科大学生，说明理科大学生的心算推理水平要高于文科大学生。对工科和医科的大学生智力优势的比较研究发现，医科大学生的机械记忆能力和短时记忆能力占优势，而工科大学生的理解判断能力和社会适应能力占优势。

大学生智力水平的性别差异。从19世纪末开始，人们就开始关注智力水平的性别差异。与学科差异一样，从智力发展的整体水平看，男女大学生不存在显著差异，但从智力各要素看，却存在性别差异。个体在认知方面的性别差异主要表现在数学能力、空间能力和言语能力三方面。数学能力方面，有研究发现，女生的计算能力和问题解决能力在中小学阶段具有优势，但在高中及大学阶段则不如男生；言语能力方面，一般认为，女性往往比男性有更好的表现；在空间能力方面，男性往往优于女性。吴福元的研究发现，男大学生在常识、心算、相似性、填图和积木图案等智力分测验中的得分明显高于女大学生，而在背数、译码等智力分测验中却低于女大学生。

二、认知风格的差异

认知风格就是个人进行认知加工时所表现出来的个别差异，是个人所偏好的信息加工方式，体现在感知、记忆、言语和思维等方面。认知风格可分为场依存型和场独立型。场依存型大学生进行认知加工时依赖于周围的环境参照，用一种相对整体的方式来检验他们的环境，依赖权威，特别对人感兴趣，对他人敏感，喜欢与人打交道的职业；场独立型大学生进行认知加工时主要依靠内在的标准和价值判断，认知重构能力强，分析能力强，不依赖权威，外表冷漠，给人距离感，对别人不敏感，缺少社交技能，喜欢独立工作的职业。有研究表明，理科大学生更倾向于场独立性，而文科大学生更倾向于场依存性。男性大学生比女性大学生更具有场独立性。

在感知觉方面，有的大学生属于知觉分析型，他们容易忽视事物的整体，对事物的整体把握能力较弱，但分析能力强，对事物的细节有清晰的认识；有的大学生属于知觉综合型，他们对事物的整体把握能力较强，富于概括性和整体性，但容易忽略事物的细节；大多数的大学生属于知觉混合型，他们兼具分析型和综合型的特征，既有较强的分析能力，又有较强的综合能力。

在记忆方面，有的大学生视觉记忆占优势，有的大学生听觉记忆占优势，而有的大学生运动记忆占优势；有的大学生形象记忆占优势，有的大学生逻辑记忆比较发达。

在思维方面，有的大学生直觉思维发达，在面临新情景时，能迅速理解问题并做出判断，有的大学生分析思维占优势，遵循严密逻辑推理，最后得出正确答案；有的大学生聚合思维占优势，他们能聚合问题提供的已知信息和熟悉规则而得到正确答案，有的大学生发散思维占优势，他们能沿着不同的方向思考问题，重新组织信息，产生新思想，追求思维多样性。

三、人格的差异

如前所述，人格是由不同成分构成的一个结构系统。下面主要从气质和性格两个方面来分析大学生的人格差异。

（一）气质的差异

如前所述，气质可以划分为多血质、胆汁质、黏液质、抑郁质四种类型。不同气质类型表现出不同的特点：

多血质：情绪兴奋性高，情感外露但不稳定；反应快且灵活；感受性低而耐受性高；具有可塑性和外倾性；不随意的反应性强。在日常生活中，这样的大学生思维敏捷但不求甚解，活泼好动，热情大方，善于交往但交情浅薄，缺乏耐心和毅力，粗心浮躁，注意力易转移，情绪易发生变化。

胆汁质：情绪兴奋性高，抑制力差；反应快但不灵活；感受性低而耐受性高；外倾性明显；不随意的反应性明显。在日常生活中，这样的大学生表现为精力旺盛，热情直率，行动敏捷，刚毅顽强，争强好斗，自制力差，性情急躁，鲁莽冒失，刚愎自用。

黏液质 情绪兴奋性低；反应速度慢但稳定；感受性低而耐受性高；内倾性明显；不随意的反应性低。日常生活中，这样的大学生情绪稳定，不易激动，思维灵活性略差但考虑细致而周到，安静稳重，踏踏实实，行动迟缓，自制力强，交往适度，交情深厚。

抑郁质：情绪兴奋性高，内心体验深刻；反应速度慢且不灵活；感受性高而耐受性低；不随意的反应性低；内倾性明显。在日常生活中，这样的大学生情绪体验深刻，对人对事观察细致，思维敏锐，想象丰富，不善交际，举止缓慢，软弱胆小，优柔寡断。

国内有研究发现，我国大学生气质类型分布的特点是：①属于多种气质混合型的最多，其次是兼有多血质和胆汁质特征的多血—胆汁质以及兼有胆汁质和抑郁质特征的胆汁—抑郁质。这三种气质类型的大学生占总人数的80%左右。②属于多血质、胆汁质和多血—胆汁质等外向气质类型的大学生大大超过属于黏液质、抑郁质和黏液—抑郁质等内向气质类型的大学生，但大多数大学生还是属于内外向平衡气质。③属于胆汁质、抑郁质和胆汁—抑郁质等情绪不稳定气质类型的大学生大大超过属于多血质、黏液质和多血—黏液质等情绪稳定气质类型的大学生，但大多数大学生属于情绪平衡型的混合气质类型。

上面的研究还发现，气质类型存在专业差异和性别差异。在性别差异方面，男大学生中属于多种气质混合型和胆汁—抑郁质的人数要明显多于女生，而属于多血—胆汁质和多血质的人数要明显少于女生。在专业差异方面，研究者对文科、理科和医科大学生进行测量发现：文科和理科大学生中属于胆汁质气质的人数明显多于医科大学生；文科和医科大学生中属于多种气质混合型的人数明显多于理科大学生；理科大学生中属于抑郁质的人数明显多于文科和医科大学生。

（二）性格的差异

性格是个人对现实的稳定的态度和习惯化了的行为方式。性格中包含许多社会道德含义，是一种与社会关系最密切的人格特征。如有的人热情忠厚，与人为善，严于律己；而有的人尖酸刻薄，冷嘲热讽，自高自傲。这些具有道德评价含义的词，描述了人与人之间的性格差异。偶尔表现出的行为方式并不能代表一个人的性格特征，只有习惯化的行为方式才能表明其性格特征。

我国学者的研究表明，不同性别、不同学科的大学生的性格是不同的。在性别差异方面，我国大学生在责任感、社会化、自制力、支配性、进取性、社交风度和自承性七项性格特征上，男女大学生的差异均达到显著水平。在谦让、克己、忍耐和谨慎等性格特征方面，女生强于男生；而在支配、冲动、自信和外向等性格特征方面，男生强于女生。性别差异极为显著，说明男女大学生均有各自的行为方式与兴趣。就不同的学科来说，不同学科的大学生在性格特征及其性别差异上，均有自己的独特性。①文科大学生中男女生的性格特征为综合型，无论在支配性、冲动、自信、外向等方面，还是在谦让、克己、忍耐、谨慎等方面均兼而有之。②理科大学生中男生与文科男生相似，但女生在谦让、克己、忍耐、谨慎、内向方面较突出。男女生在独立性、聪慧、敏锐等性格特征方面无显著差异。③工科大学生中，男生在支配、冲动、自信、外向等性格特征方面表现突出，女生则在谦让、克己、忍让、谨慎、内向等方面占优势。④医科大学生中男女生的性格特征基本一致，同其他类型大学的大学生相比，他们在支配、冲动、自信、外向等方面相对稍强，在其他方面相对较弱。⑤农科大学生中男生的性格特征在中庸、从众等方面较突出，在支配、冲动、自信、外向等方面比女生强，女生则在谦让、克己等方面较突出，而在聪慧、敏锐方面较弱。⑥师范大学生中男女生的性格特征显得比较消极，各方面均低于全国平均水平，且男生比女生稍弱。⑦金融、法律、体育等其他学科大学生在支配、冲动、自信等方面比较突出，女生较弱；在谦让、克己等方面女生较突出，男生较弱。在独立性上均有不足。

第三章 高职大学生的心理发展

第一节 心理发展概述

现如今，人们热衷于将出生于不同年代的、具有鲜明个性特征的人群贴上"××后"的标签，而其中，90后是最早引起社会广泛热议的一代，他们的一举一动、一言一行更是时时刻刻被社会所关注，他们的一切似乎就是90年代的标榜和象征。而正当社会对于90后"评头论足"的热潮还未完全散去，00后已正式"诺曼底登陆"，进入了大学校园。对于90后、00后这两代学生的出现，不仅引起社会的广泛关注，更是让教育行业的工作者们"牵肠挂肚"，他们鲜明的个性似乎正是这个新时代背景下最具划时代色彩的产物，而他们具有怎样的心理特点，也值得学校教育工作者进行深入研究和思考。作为专业的学校心理健康教育工作者和研究人员，只有准确把握新时代背景下大学生心理特点的发展趋势和发展命脉，与历史经验相佐证，与个性特征相结合，才能够做好学校心理健康教育的建设工作，从而更好地为学生服务。

一、90后大学生心理特点

（一）行为特点

张宝君认为，90后大学生在行为上表现出很高的自主性，他们渴望独立也表现得过早成熟，但实际上他们依赖心理强，属于假性成熟。90后的这种行为特征与家庭因素有着紧密的联系。90后大学生的父母大多出生于20世纪六七十年代，经受过新中国刚成立时的艰难困苦、体验过社会发展初期难以度日的辛酸，加之中国国情的特征之一就是重视血脉关系，因此父母对于孩子的溺爱本就难以抑制，加上父母年轻时受过的各种苦难，使得父母希望把最好的都奉献给孩子，不希望孩子去经历他们曾经受过的苦难。但与此同时，父母的思想仍然较为封建固执，停留在自己成长经历中的年代，因此与90后这一代的思想一旦交织，易发生各种难以调和的碰撞，这就使得90后大学生极度想要摆脱家庭对于他的束缚和掌控，想要获得自由，但由于长时间依赖于父母的悉心照料，因此难以具有真正独立自主的能力，并没有达到真正意义上的成熟。除此之外，90后一代的学生大多是独生子女，因此对于同龄人之间的人际关系认知并不充分。由于从小受到家庭成员的溺爱，易形成以自我为中心的主观意识，使得在校园环境中也习惯于显露个人，凡事优先考虑自己，难以有效进行团结协作。

（二）情感特点

90后大学生在情感上普遍具有外冷内热的特征，在公众场合羞于表达自己的真实想法，使得他们所表现出的一面和内在真实的一面相差甚远。在这一特点上最直接的印证结果就是大学课堂里常见的"课堂冷漠"。课堂冷漠主要表现为明伤、暗伤两个方面，明伤是指逃课现象，而暗伤则是指学生虽然在课堂上听讲，但实际上对教师不予理睬，冷眼旁观教师一个人的"表演"，在教学过程中不给予任何的互动和反馈，只顾做自己感兴趣的事，经常使得新手老师尴尬不已。事实上，不仅是课堂上出现的冷漠，90后大学生对于校园之外的日常生活也处处表现冷漠，如频频发生的高校学生高铁霸座、公交车上不给老弱病残人员让座等各种事件，也体现出当代大学生的道德冷漠。而以上的一切很可能是来自90后大学生的逆反和从众心理。大学生正处于青少年时期，逆反心理相较于其他年龄阶段则表现得异常突出，他们可能会因为不满学校的管理，或是仅仅想要引起公众关注，因而做出一些一反常态的行为。而这种群体性的沉默则可能是因为大学生的从众心理。社会心理学家阿希认为，个体受群体压力的影响，在知觉、判断、信仰以及行为上表现出与群体大多数成员一致的现象。因此，当大多数人都选择沉默，选择用冷漠的外表掩盖内心的热忱时，便时常出现集体冷漠的现象。

（三）思维特点

由于90后大学生处于信息大爆炸的时代，能够接收到来自全球各地的各式各样参差不齐的信息内容，因此即便是对知识研究的深度不够，也都具有一定领域和范围上的广度，因此在思维上是积极活跃的、易于推陈出新的。90后较于70后、80后有着更加灵活敏捷的思维能力，易于接受新鲜事物，有着天马行空的想象力，因此也易于创新。但因为这种信息量的接受过于浅显，对于事物没有深入的思考，因此难以透过现象看本质，容易形成什么都会却学而不精的特点。

（四）认知特点

正如前文中所说的，90后大学生每天通过网上社交媒体等各种线上渠道能够接收到各式各样的海量信息，使得他们什么都会却学而不精，因此对于事物的认知也不够充分和深刻，难以从辩证的角度来看待一切事物。90后大学生通常疾恶如仇、黑白分明，却容易善恶不分。过少的社会经历和磨难使得他们单纯得如同一张白纸，对于世间事物自认为有着自己独到的见解，但这种见解未必是正确的。除此之外，他们在认知上还具有明显的功利倾向，这使得他们的价值观、世界观容易发生偏差，从而趋利避害，以自我为中心。

二、00后大学生心理特点

00后大学生在行为特点、情感特点、思维特点、认知特点上似乎是90后大学生的"进阶版本",自身的优缺点及特点相较于90后而言极其相似并且更加突出,这可能就极大地印证了当前时代背景下,大学生心理发展的一种趋势和动向。

00后大学生除了在行为、情感、思维、认知上与90后相似并且特点更加鲜明外,还有以下三个鲜明特点。

(一)适应能力不足

00后大学生普遍为独生子女,在社会环境及家庭环境无法改变的现状下,他们具有缺乏独立自主能力的特征。不仅如此,还因社会普遍倡导"起跑线""分数至上"等错误的价值观念,使得家长和学生都为之行动,把学习成绩作为衡量学生的唯一标准,使得学生在道德品质和自理能力的培养上都有所疏忽。

(二)社会交往能力不足

与90后一代不同的是,00后一代自出生开始,就有了丰富的多媒体、网络资源;各种花样玩法层出不穷,两三岁的孩子还在咿呀学语时平板电脑早已操作得十分熟练乃是常态。因此00后大学生的"低头一族"相较于90后则更加突出。并且,由于00后出生就拥有了得天独厚的各种资源,享受着社会快速发展带来的丰厚果实,因此难免容易滋生一种与生俱来的优越感和伪成人感,容易沉迷于自己的世界里无法自拔,难以与同龄伙伴建立友谊,从而发展人际关系。

(三)认知能力不足

由于00后是坐享其成的一代,也是备受家长溺爱的一代,因此缺乏一种居安思危的意识。除此以外,由于00后大学生在建立自身价值观、世界观、人生观的过程中,每天都能够接收到各式各样的信息,这会对他们产生或好或坏的影响,而这种影响是无法预估或真正控制的。在笔者看来,00后普遍对于新鲜事物过分接受,并将这种乐于接受新鲜事物的态度当作一种原则和底线,或者可以称为一种"本分",因为他们时刻都想要彰显和标榜自己的个性特征,因此这种毫无原则的接受可能会带来不可想象的后果。

三、新时代大学生心理健康教育的对策

(一)社会方面

为响应国家22部委联合发布的《关于加强心理健康服务的指导意见》,社会体系中的相关部门应采取措施,加强心理健康服务、健全社会心理健康服务体系,从而提高公众心理健康水平,促进社会心态稳定、人际和谐,提升公众幸福感,为新时代大学生提供一个良好健康的社会公共环境,使得社会环境的软文化时刻潜移默化地影响着当代学生。社会

有关部门不仅要重视心理危机中的人群和精神病患者，还要关注有心理行为问题困扰和心理疾病的人群以及心理健康人群，实现心理健康服务的三级预防全覆盖。除此以外，还应当加强心理健康教育专业人才队伍的建设，严格把控从业资格的相关考试及证书等，完善学科制度和人才培养，加强规范管理，重视教育工作者的实践操作技能。与此同时，还要不断加强组织领导和工作保障，对心理健康工作者给予人才奖励制度。在这样的大环境下，可以充分利用新时代大学生的从众心理，让他们在公众氛围的感召下紧跟时代潮流，重视心理健康。

（二）学校方面

一方面，学校管理层应当重视心理健康教育这门学科，重视教师职责，给予教师一定的空间去施展自己的教学计划，而不是为了学校的教学指标或其他功利目的而让这个学科名存实亡；也不可将这门学科与政治、思想品德等课程混为一谈，或将其他学科、职务的老师作为兼职的心理健康老师，而是应该专职这项工作，并将传授相关知识的活动投入到课堂当中。不仅如此，学校还应该意识到学生的个体差异，意识到当代学生的个性特征，让学生能够有一个更加宽松、自由、体验式的教学模式，这也更加符合心理健康教育这门学科本身的教学目的和原则。学校还应当增加奖励制度，鼓励教师推陈出新，加强对学科学术上的研究，鼓励教师取得科研成果，从而推动该学科更加长远且更具科学性的发展。

另一方面，学校里的心理健康教师应当采取更加丰富多彩的教学方式方法，而不再是一味地照本宣科传授知识，可以将许多心理学中如倾听、干预等多种技术应用于教学活动中，还可开展网络心理健康教育、心理测试等。如今的心理健康教育不再是学校中一门可有可无的课程，而是成了国家重视社会支持的课程，因此对于教师的要求也相对较高，需要教师具有较强的创新能力，能够不再局限于既有的教学模式，教学内容能够结合学生的个性特征，充分吸引学生的注意力和兴趣，挖掘学生的无限潜力，使学生能够充分发挥其主观能动性进行学习，可以充分利用多媒体、网络等多种先进手段和技术辅助教学。此外，教师还可以组织学生举办心理健康教育相关的活动、比赛，使学生在活动中充分认识自我、结交朋友、提升各方面的能力，从而健全发展自我。

（三）家庭方面

当代大学生的心理特征不仅仅与他们自身相关，也与他们从小成长的环境不可分割。作为家长，应紧密配合学校的心理健康教育工作，能够充分认识到当前社会发展所面临的需要，充分认识到自身对于孩子教育方法和观念的不足，也真正地认识并了解自己孩子的心理发展特征，从而逐渐改善对孩子的教养模式。不仅如此，家长本身的心理健康水平也是社会心理健康服务体系所密切关注的，只有家长的身心是健康的，才能够给孩子带来正面的、积极的影响。因此家长也应当重视自己的心理健康水平，积极学习和了解心理健康的相关知识，改变以往对于心理健康的不正确看法和态度。

随着习近平总书记在十八届五中全会和全国卫生与健康大会上提出的关于加强心理健

康服务的要求，心理健康越来越受到社会的关注和公众的重视，而22部委《关于加强心理健康服务的指导意见》和10部委《全国社会心理服务体系建设试点工作方案通知》的发布，也预示着心理健康教育行业将走向更加专业化、科学化的道路。因此，要想做好心理健康教育工作，就应该紧密联系新时代大学生心理发展的诸多特点，找准契合点，与之相适应，从而更好地完善学校心理健康教育工作，使学生能够在真正进入社会前顺利完成心理成熟的过程，为国家、为社会培养一代代祖国的花朵、未来的栋梁。

第二节　人类心理与行为的基本内容及特征

从某种程度上说，文化是人类对环境的适应性反应。与其他大多数物种不同的是，我们人类居住在极其不同的需要不同社会文化配置的生态栖位。大自然还赋予我们人类进行有利于内群体成员大规模文化传播的认知能力，而且这些认知能力使我们能够考虑内群体成员的观点。从博弈论的观点来看，我们人类的这种社会性会导致个体所采取的任何策略都取决于他的群体成员选择什么。人类个体与内群体成员之间的这种相互依赖导致了对所有社会系统来说的多重均衡，这种多重均衡进一步发动了文化多样性的引擎。总之，生态多样性、内群体偏向的文化传播以及多重均衡，共同导致了贯穿整个人类历史的高度的社会文化多样性。

文化多样性的存在对心理学研究来说是一个巨大的挑战：心理学家要发现真正的普遍性心理，就必须使他们的研究能够泛化到异类的具有不同生态、语言、信念体系和社会习俗的群体中。此外，心理现象通常反映的是先天的心理成分(innate psychological primitives)与社会文化输入之间的交互作用，这种交互作用会产生一种"如果—那么(if-then)"形式(例如，如果邻居是合作的，那么就合作，否则就不合作)的相倚的普遍性。这种类化需要根据人类心理的文化普遍性的性质及标准进行比较性研究。本节试图对这些问题加以澄清以及阐明目前心理学对人类心理共性的研究，最后提出心理学需要与人类学不同的关于人类心理共性的研究策略。

一、人类心理的文化普遍性及其辨析

心理学作为一门科学，其基本假设是人类的心理存在普遍性，但这个基本假设应该建立在更坚实的发现并描述在所有文化中大多数或全部人类都真正具有的经过实证检验的心理的普遍性和接近普遍性的基础上。大多数心理学家都赞成，文化背景在某种程度上蕴含在人类的心理过程中。同样，大多数心理学家也都赞成，我们人类在某种程度上具有某些相同的普遍性的观念与动机成分，即那些如果没有它们，文化与文化学习就不可能产生的心理成分，这些具有普遍性的观念与动机成分也通过某些重要的方式与文化背景相互作用。

因此，就人类的心理过程来说，我们有必要了解它们在文化中的变异性与普遍性。但是，在一个多样文化的背景中探讨人类心理的普遍性，需要一个适当的能够对其加以推断的分析水平。如果这个分析过于抽象，普遍性就会过于弥散 (diffuse) 以致没有什么重要的实证含意。但是如果这个分析过于具体，就有可能识别不出普遍性。因此，问题的关键是确定一个能够证实潜在普遍性的最适宜的抽象分析水平。

建立在实证主义基础上的心理学研究，妨碍了心理学家发现具有真正普遍性的人类心理。例如，心理学家经过实证研究，在芝加哥郊外的中产阶级群体中发现了某种心理现象，但这种研究并没有说明这种现象是否同样还存在于别的什么地方只是还没有被发现，以及这种现象是否以不同的形式或几乎不会出现在别的什么地方。因此，对 20 世纪中期出现的跨文化心理学研究来说，其最重要的理论基础是，系统的实证观察是使人类心理过程的文化特殊性与文化普遍性区分开来的一个必不可少的部分。但通常我们会认为我们所拥有的文化的形式与习俗是如此的自然与显而易见，因此心理学家很容易做出这样的假设，即他们在所拥有的文化中观察到的心理过程反映了某种普遍性，没必要再在其他文化中进行麻烦的比较研究。这样就导致心理学家进入一个"文化盲区"。因为这个"文化盲区"的存在，心理学家倾向于把人类心理的普遍性与它们的文化特殊表现混合起来。这种混合使得心理学家要阐明什么特定的心理现象会提供什么特定的功能这种尝试变得更为复杂。

例如，关于积极的自我肯定 (self-regard) 需要是否具有普遍性这个问题。心理学中许多理论都坚持认为人们被激发去寻求并保持一种积极的自我观，这是这些理论的一种基本假设，因此，积极的自我肯定需要是否具有普遍性就成为一个重要的问题。但仔细研究积极的自我肯定动机的跨文化证据，就会发现确定在什么抽象水平上对积极的自我肯定动机加以分析尤为重要。例如，在积极自我观倾向测量、自我服务偏向测量和对成功与失败反馈的反应测量中，东亚人与西方人在自我提高动机的跨文化比较方面表现出一致及显著的差异。心理学家对生活在东亚的东亚人与西方人的自我提高动机的已发表的比较研究的元分析发现了总是以 $d=0.85$ 的平均效应值出现的显著的文化差异。此外，自我提高偏向研究对于西方人的自我提高提供了一致与显著的证据，而总的来说，对于生活在东亚的东亚人的自我提高却提供了很少的证据。东亚人自我提高动机的缺乏似乎并不是由实验假象 (experimental artifact) 造成的。相对于追求自尊并依赖于自我提高动机，东亚人似乎更关注于维护脸面以及依赖于自我完善动机。因此，生活在东亚文化背景中的人们其自我提高动机如果不是完全缺乏就是较为微弱。

研究者还探讨了积极自我肯定需要的进化论起源。夸大并不遗余力地维护积极自我观的倾向在西方人样本中看来是如此的普遍与显著，这使得一些研究者认为古老的环境选择了这种被操作化为自我提高的动机。由此，学者们又对自我提高动机如何作为一种适应出现提出了各种不同的解释。例如，Barkow 认为选择自尊作为对个体地位在统治等级内部的微妙变化的一种判断标准。Leary 和他的同事认为自尊在察觉我们与他人的社会关系状况中起作用的意义上是一种适应。恐惧管理理论则主张，作为一种适应出现的自尊，被用来屏退来自死亡恐惧的生存焦虑。总之，这些不同的理论提出了一个共同的主题：像自我提高这样普遍与强大的动机必定用来增强适宜性，尤其是如果考虑到个体有时候必须为持有这些动机所承受的代价。

如果一种理论提出，我们人类在远古环境中发展自尊用来解决某个问题，例如，社会地位，或归属关系，或抑制生存焦虑，那么我们应该在所有的文化，或至少应该在与西方文化一样明确关注社会地位、归属关系与生存焦虑的文化中找到这种动机的证据。因此，在东亚人中明显缺少关于自我提高动机的证据表明了这些进化论的解释存在问题。总之，对自我提高动机起源的进化论解释，需要能够阐明这种动机在西方文化中为什么比在东亚文化中更为普遍。

其实，对积极自我肯定需要起源的令人信服的解释需要在一种普遍性更为明显的抽象水平上来分析这些动机的适应价值。例如，我们还可以根据"成为一个健全的自我"，即努力成为所在文化中被认为是适合的、有价值的和重要的那类人来分析积极的自我肯定需要。Heine 和他的同事认为在西方自我提高和维护自尊的动机是达到成为一个健全的自我这个目的的手段，而对于东亚人来说，自我改善和维护脸面的动机是达到这个目的的手段。因此，在这种抽象水平上，积极的自我肯定需要可能具有普遍性，以及在这种分析水平上对这种动机的进化论解释最令人信服。

心理学家有必要把特殊文化水平上的心理过程与对所有文化来说共有的心理过程区分开来，这项任务最大的困难是他们很少直接在较抽象、普遍的水平上发现某些心理过程，因为这些心理过程在文化中总是以例示的形式表现出来。在某些情况下，这些例示并不是如此的各不相同，因此心理学家可以很清晰地识别出隐含在其中的普遍的心理过程，例如，对甜食与含脂肪食物的偏好以及暴力行为中的性别差异。但在另外一些情况下，这些例示是如此的多样以致干扰了心理学家发现隐藏在其背后的潜在的普遍性。只有通过分析文化多样性，心理学家才能够确定是否把人类心理的特殊性与普遍性混合了起来。

二、心理学对人类心理普遍性的探讨

在论述心理学对人类心理普遍性的探讨之前，我们有必要先来考察一下人类学对人类共性的探讨，因为对这个问题的探讨是一个需要多学科合作的问题，不同的学科探讨可以给心理学家不同的启示。最后我们要说明的是心理学有限的研究资料限制了它对人类心理普遍性的探讨。

（一）人类学对人类共性的探讨

人类学自出现以来，就开始探讨人类的共性这个问题。这也是人类学研究的主要任务之一。过去一百多年来的人类学文献表明探讨人类的共性这个问题既紧迫又棘手。说它是一个紧迫的问题是因为，世界各地的民族志所揭示的关于人类的一系列数量惊人的潜能，迫使我们思考究竟是什么特征把我们人类统一了起来。说它是一个棘手的问题是因为，在一系列不同的关于人性的例示中发现具有普遍性的某种东西，需要我们把那些在行为中能够观察到的具体的、特殊的表现形式与引起它们的抽象的、潜在的具有普遍性的某种东西做出区分。

在人类学历史的相对早期，许多人类学家就试图证明人性中的普遍性。例如，Clark Wissler 根据假设的人类的需要建构了一种具有普遍性的分类法。通过这种分类法，人类学家可以把他们在研究中所遇到的各种各样的事实加以组织。随着对人性的什么特征是普遍性的这个问题的探讨，出现了很多与之类似的分类法并逐渐得以完善。这些早期的尝试，在具有普遍性的"类别"，例如，"宗教"或"亲属关系"，与它们的各种各样的"内容"，例如，"相信轮回"和"母系继嗣"之间做了区分，但通过不断增加的人种志资料所揭示出来的人类活动内容的多样性，表明了在这个层面不可能发现人性的普遍性。尽管如此，后来的一些研究证实了某些类别的认知内容确实能够体现出普遍性。最近认知人类学和发展心理学的进展进一步证实了这样一个事实，即在思维和行为的要旨中存在一种显著的普遍性。

人类学家 Donald Brown 对人类的共性做了最广泛的分类。他建构了一个包含数以百计的特征的列表。该列表既包含类别（例如，婚姻、仪式和语言）又包含内容（例如，怕蛇、羞怯的表现、具有"黑"和"白"等颜色术语）。这些类别和内容对各地的人们来说是共有的。这些对全体人类加以识别并把其特征加以分类的研究尝试，在人类学的发展历史上曾引起很大的争议。一些人类学家质疑令人关注的人类共性是否确实存在，其他一些人类学家则认为识别人类的"最小公分母"要么是受到了误导，要么就具有令人怀疑的价值。最近，越来越多的文化人类学家采取了一种后结构主义的观点，强调文化的易变性与模糊性。

相对于人类学对人类共性的假设和探讨的历史，在整个心理学史中，心理学家很少明确地探讨某一特定的心理现象是否具有普遍性这样的问题。这是因为心理学家，尤其是主流心理学家在他们的研究中坚持这样一种内隐的假设，即他们的研究对象实际上就是普遍性的，因此，关于它们的研究结论当然也会具有普遍性。我们可以用心理学中的两个事实来证明这种内隐的关于研究对象的普遍性或"心理一致"的假设。

第一，心理学的起源受到了生物学的深刻影响。心理学的这种生物学基础至少从两个方面导致内隐的心理普遍性这种假设的出现：一是关于人的心理的生物学基础的许多研究，是在与其他人的类比中进行的，根据的是这样一种观点，即其他人的心理机制能够证明人类的心理活动。但是如果我们根据在某种文化中的人类与其他人类具有相同的心理机制这个观点开始研究，那么结果必然是，假定这些心理机制是我们人类本身所普遍具有的。二是心理学把生物学作为研究的基础，在某种程度上也继承了进化论的理论基础。因为进化推理根据的是物种所共有的基因组假设，这种理论基础促使心理学家接受"心理一致"作为一个特定的假设。总之，在这些方面，心理学从它的生物学基础那里继承了一个预先的假设，即人的心理机制具有普遍性。

第二，认知革命提供了另一个可以据此理解人类思维的框架，这个框架也预先假设了普遍性。认知科学把人脑比作计算机。这种类比使大脑作为硬件能够产生具有普遍性的软件或心理过程这种观点明确起来。在这种类比模式中，可以把信仰、价值观和行为等视为输出。因为人们生活在不同的社会、政治与生态环境中，这些不同的社会、政治与生态环境会产生一些完全不同的"输入"，因此，信念、价值观和行为等输出在不同的文化中和不同的历史时期就会不断地发生变化。较不容易被发现的普遍性心理这个深层结构就隐含在这些肤浅、多变的心理内容中。当研究者诉诸计算机这个隐喻，不用说文化差异，就是个体差异也会被忽视。

（二）心理学有限的研究资料限制了它对人类心理共性的探讨

很明显，关于人类心理的普遍性这个假设，已经隐含在心理学学科的取样方法论中。与许多其他学科的社会科学家不同的是，心理学家倾向于并不关心他们的研究样本对于整个群体的泛化性问题，除了可能偏离正常与普遍心理的样本，例如，具有脑损伤或临床失调的个体。我们都知道，取样研究方法已经成为西方认知、社会、人格及临床心理学研究的标准方法，一般来说，就是从大学心理学系二年级学生中招募实验参与者并根据他们的心理做出关于人类心理的推论。其实这种评论早就出现了，但西方主流心理学家却很少对这种研究方法表示怀疑，即对心理学家是怎样内隐地假设来自受文化背景、历史时期与社会阶级制约的特殊样本的研究结果会泛化到受其他文化背景、历史时期与社会阶级制约的群体或整个人类群体表示怀疑。

使取样不具有代表性这个问题更加恶化的是研究中的不均衡的地理表征这个问题。最近有学者对在社会与人格心理学的主要杂志《人格与社会心理学杂志》自创刊以来所发表的所有论文进行了一个调查，结果发现92%的论文来自美国和加拿大，不少于99%的论文来自西方国家。这种情况并不仅仅出现在社会与人格心理学领域，如果有区别的话，就是在心理学的其他研究领域，这种情况更为严重。例如，有学者对从1994年到2002年发表在心理学主要杂志上的包含关键词"文化"的论文的比例进行了分析，结果发现在主要的认知与实验心理学杂志中，只有1.2%的论文包含这个关键词；在主要的临床心理学杂志中，只有3.1%的论文包含这个关键词；在主要的发展心理学杂志中，只有4.3%的论文包含这个关键词；在主要的社会心理学杂志中，只有4.8%的论文包含这个关键词。因此，我们可以说，这些心理学家并不是在研究人性，而是在研究属于中产阶级的、受过教育的、年轻的西方成年人（或这些人的孩子）的本性。如果西方主流心理学家考虑到他们从中获得大部分心理学样本的西方中产阶级群体完全不能代表世界上的所有人，而碰巧只是代表了一种文化反常，因为他们相对于世界上的其他人来说，是非常个体主义的、富足的、世俗的、低情境化的、分析性的与自我提高的，那么，他们就会明白这种取样方式存在很严重的问题。如果他们知道他们正在研究的心理过程只是反映了一种通常的、潜在的人性，那么他们把研究限于那些方便易得的样本也许是合情合理的。但是，如果他们想知道这些心理现象是否具有文化普遍性，这种方便就可能不足以说明问题。总之，西方心理学资料的基本事实，主要由来自对西方中产阶级受过高等教育的青壮年和他们的孩子的多层研究结果构成。

对心理学家来说，根据有限的研究资料假设普遍性，不只是一个理论方面的问题，也是一个实证方面的问题。在过去几十年中出现的文化转向的心理学，其研究呈爆炸态势。其中的许多研究明确地证实了西方主流心理学的许多理论与研究结果不足以泛化到其他的文化背景。而且，文化多样性并不局限于那些边缘化的心理现象，而是贯穿于心理学中的几乎所有的重要理论与研究结果。例如，一些在其他文化中较不明显或明显以不同形式出现的心理现象包括：来自认知心理学方面，对焦点色的记忆与分类、空间推理、基于类别的归纳推理的某些方面、某些知觉错觉、推理和分类的习惯性策略、思维与表达之间的关系、数字推理的某些方面；来自判断与决策方面，在最后通牒博弈中的优先决策、在决策中的冒险偏好；来自社会与人格心理学方面，独立型自我概念相似吸引效应追求独特的动机基本归因错误、自我提高动机、以暴力反应于侮辱的偏好、高度主观幸福感与积极情感、控制感、统一的自我观；来自临床心理学方面，重性抑郁症的患病率、作为消极情绪核心的抑郁、社会焦虑、饮食失调患病率，如神经性厌食症和暴食症，以及其他许多在西方还没有被较多关注的本土综合征；来自发展心理学方面，在语言习得中的名词倾向、道德推理、不同依恋模式的盛行，以及与青少年有关的骚乱与暴力。心理学中这些日益增多的涉及文化多样性的研究，促使心理学家返回来开始思索心理现象是不是普遍性的以及如何对之加以研究。

三、心理学需要独到的关于人类共性的研究策略

人类学长期以来对人类共性的探讨，积累了很多关于人类心理的普遍性的研究成果。然而，人类学和心理学毕竟是两个不同的研究领域，存在很多差异，但我们可以根据这些差异尝试使用一些能够促进人类心理的文化普遍性研究的方法。

总的来说，这两个研究领域主要存在三大差异：第一是地域局限性问题。心理学家对人类心理普遍性的研究应该感激于由整个 20 世纪的人类学家经过开拓性努力所汇编的关于文化多样性的有条理的文献汇集，尤其是人类关系区域档案 (HRAF) 资料库，其对分析心理现象的普遍性具有相当大的实用价值，虽然结论会受到单个人种志的信度和效度的制约。人类学资料库所涉及的广大地域，是心理学家所力求的东西。但是，要求心理学家在地球上的所有已知文化中经常开展此类宏大的计划以探讨人类心理经验的种类是不切实际的。因此，心理学家所探讨的文化的总数，与人类学家通过一个世纪的人种学研究所积累起来的资料相比，仍然是相对匮乏的。然而，资料的匮乏并不意味着不可能实证地检验人类心理的文化普遍性，这就要求心理学家在研究资料匮乏的情况下，采用适当的能够揭示这个问题的研究策略。

心理学与人类学的第二个重要差异是，心理学的研究对象——个体或群体心理的活动

方式，不同于人类学的研究对象——生活在更广阔的生态背景中的人类。因此，心理学家需要根据某些标准来探讨人类心理的文化普遍性，这些标准能够指导他们对心理学一直以来的关注点进行研究，例如，注意、记忆、自我概念、心理健康、认知策略、决策规则、知觉、动机、人格结构、语言习得、归因理论及对外界的心理表征等。相比之下，人类学意义上的潜在的普遍性则是以人类的一些不同的特征作为基础。这些特征可能涉及家庭和社会的结构（统治、亲属关系）、社会习俗（成人仪式、对待死者的态度）或工具的使用（火、武器）。总之，不管这些特征是超机体的并在理论上独立于个体心理而存在的社会现象，还是它们的心理表征及它们的物质效应在群体中偶然联系起来的社会分布，群体层面的普遍性在某些重要的方面不同于个体心理的普遍性。

心理学与人类学的第三个差异反映在这两个领域的方法论方面。概括起来说就是，人类学家主要通过质化的人种志方法收集资料，而心理学家则主要通过量化的实验与相关设计等实证方法收集资料。这些研究方法具有各自的优势与局限性，根据取样、测量、可重复性、实验控制、可泛化性以及资料的多少等问题而不同。研究方法上的巨大差异，使得心理学家和人类学家相对较少地关注彼此所积累的资料。因此，如果心理学家能够更适当地发展跨文化研究的系统性方法，而人类学家能够更适当地运用实证研究方法，这种方法上的"互育"将非常有助于这两个领域对人类心理的普遍性的研究。

总之，尽管研究者对人类心理的文化普遍性的兴趣日益增加，但在心理学领域还没有一套心理学家一致同意的可以据以考察人类心理的文化普遍性的方法论标准。因此，目前对心理学家来说，制定出一些有助于研究者探究人类心理的文化普遍性的准则尤为必要和紧迫。

第三节　学生身心发展的基本特点与教育

2018年9月起，00后大学生开始大批量涌入校园，高等教育也因此进入一个全新的时代。00后大学生思想开放多元，喜欢新生事物，接受能力强。特别是与90后相比，00后一出生就生活在网络世界，是最为积极、活跃的一代，他们的生活、学习、交往方式带着鲜明的时代痕迹。教育部43号令明确规定:辅导员作为开展大学生思政教育的骨干力量，应当努力成为学生成长成才的人生导师和健康生活的知心朋友。但是,因学生主体的变化，原有的大学生教育模式必然存在不适应现象，必须制定出符合00后大学生身心发展特点的思想政治教育策略，进而实现培养合格的社会主义建设者和接班人的目标。

一、00后大学生身心发展特点

为了制定切实有效的辅导员思想政治教育策略，必须在充分了解00后大学生身心发展特点的基础上开展工作。

（一）理想——担当意识淡薄

习近平总书记对青年人一代提出明确的期望："青年一代有理想、有本领、有担当，国家就有前途，民族就有希望。"可见，青年大学生们该把理想和担当作为自己坚守的职责。笔者通过谈话发现，00后大学生普遍认为：考上大学的目的是展示自我有这个能力，毕业后找到一份满意的工作。而他们的人生目标模糊、理想信念淡薄，这体现在：在他们的生涯规划中，首先考虑的是自己的前途和命运，自我满足之后考虑国家的发展；对于担负社会主义的建设者和接班人这一远大理想，普遍淡薄。

（二）网络媒介依赖

00后大学生天生是网络世界的土著人口，他们普遍具有较强的网络交友、消费、娱乐和学习的能力。

（1）网络热词普及。像"柠檬""打Call""佛系""肥宅""尬聊""C位""大猪蹄"等网络热词，成为他们表达情绪和宣泄情感的主要语言。这在一定程度上与社会主流文化是背道而驰的，使校园文化陷入低级、无序状态。

（2）微媒体社交流行。调查表明，微博、微信、抖音、QQ等微媒体的使用率在00后大学生中达到100%。他们可以足不出户通过微媒体社交软件去交友、查资料、宣泄、感慨，交流方式更加便捷，但是人与人之间缺乏真实情感交流。

（3）网购普及。手机淘宝、美团等网络APP盛行，他们可以足不出户过着"死肥宅"的生活。给他们生活带来方便的同时，也扭曲了他们的消费观念，摧残着他们的身心健康。

（4）网络平台学习盛行。00后大学生的学习方式不仅仅是书本和老师的灌输，他们能够通过网络学习平台获取丰富知识。但是，他们的心智发展不成熟、明辨是非的能力较弱，极易受不良信息影响，误导价值观的形成。同时，造成课堂上不屑听讲以及不分场合抨击老师的现象。

（三）学习方式自由

00后和父母之间多是平等、互动的亲子关系，父母给予他们的多是陪伴教育和情感教育，与以往的打骂教育截然不同，这种教育方式激发了他们自主学习的意愿。00后大学生的基础教育强调家校联系，他们的学习渠道除了校内统一教育外，还有社会实践、辅导机构等。因此，他们提升自己综合素质的途径不再局限于传统的课堂知识学习，学习方式扩展到交友中学习、娱乐中学习、网络中学习等多种途径。可见，00后大学生的学习方式与社会主流存在偏差，但这的确是他们乐于接受的一种全新学习方式。

（四）抗挫折能力较弱

有着"421家庭宝宝"之称的00后大学生们，长期处于家人的呵护下，成长中"衣来伸手饭来张口"，几乎没有经历过困难和挫折。进入大学后，远离家人的羽翼，易于形成不劳而获、随心所欲的错误思想，导致缺乏生活自理能力、自律能力较差等不良习惯。

同时，他们习惯了虚拟的网络交流，人际交往能力较差，朋友和亲人之间缺乏真实的情感沟通。当他们遇到挫折时，常常无法自拔。鉴于此，如果没有及时地引导他们抵抗挫折，不利于他们的健康发展。

二、辅导员思想政治策略探讨

从00后大学生身上，我们发现很多优秀的品质，同时看到很多负面因素的存在，这给辅导员工作提出了新的时代课题。辅导员思想政治教育策略的提出，首先要基于00后大学生的身心发展特点，然后结合新时代的教育理念，对青年大学生们进行价值观引导，唤醒他们的主人翁意识，使他们逐步认识自我、充实自我，最终培养成为有理想、有担当、有作为的新时代合格青年。具体可从以下四方面探讨。

（一）先进理念指引

教育部陈宝生部长在"新时代全国高等学校本科教育工作会议"上提出本科教育要推进"四个回归"，其中学生要回归刻苦读书学习的常识、教师要回归潜心教书育人的本分。

习近平全国教育大会重要讲话上提出教育必须把培养社会主义建设者和接班人作为根本任务。高校教育"要在坚定理想信念上下功夫""要在厚植爱国主义情怀上下功夫""要在加强品德修养上下功夫""要在增长知识见识上下功夫""要在培养奋斗精神上下功夫""要在增强综合素质上下功夫"。

因此高校辅导员在开展思政工作时，要时刻保持积极向上的精神面貌，兢兢业业、潜心教书育人。指引学生在实现自我时，把个体与集体、个体与社会、个体与国家融合起来，在国家和社会需求的基础上追求自我价值，实现"小我"和"大我"的有机融合；用心去感化00后大学生们，坚持心灵熏陶和思想引领相结合，情感疏导与价值引导相结合的工作方针。

（二）网络思政教育

传统的思想政治教育，多采用书本、课堂、谈话等途径进行教育，方式单一枯燥。鉴于网络对00后大学生的强吸引力，辅导员要充分利用网络的新颖性、开放性、趣味性开展思想政治教育工作。首先，让社会主流价值观引导网络技术使用。用习近平新时代中国特色社会主义思想等先进理念引领网络空间发展，在微信、抖音等00后大学生关注的网络平台中，坚守正确的价值引导。其次，在00后大学生常聚的网络空间引入思想政治教育内容。网络思政教育因为图文并茂、形式多样、不受时空限制，且具有较强的时效性，更容易被00后大学生接受。

（三）主体能力激发

针对00后大学生学习方式自由的特点，在思想政治教育中引入他们在价值追求、生涯规划中的主人翁意识，创建平台激发他们的创新理念。通过开展和思想政治教育内容相关的课程开发、知识辩论、情景模拟等活动，吸引他们参与到思政教育的开发、设计、制作、研讨、应用和总结中，充分调动他们的主人翁意识。这不仅可以激发他们的创新优势，制作出符合大学生身心发展特点的网络思想政治教育作品，还能够使他们在参与过程中拓展自我、提高综合能力。

（四）针对性心理健康辅导

鉴于00后大学生抗挫折能力较弱的情况，开展针对性的心理健康教育辅导。在适应性方面，要根据他们的自我独立程度，判断是否在过度独立和依赖的情况下出现消极情绪、偏激行为等不良问题，在问题发现后第一时间派专人疏导，引导他们参与集体活动，帮助他们树立一种开放包容的心态面对生活和学习；在遇挫后出现消极情绪的问题，要培养他们树立弱化竞争结果的理念，组织他们参与抗挫折教育，帮助他们重拾自信心，培养更坚实的健康心理。

辅导员工作不仅仅是一个工作，同时是一门学问，它担负着学生的管理、培养、服务等职能，这些都决定了辅导员要用心投入到工作中。因此，辅导员在遵循新时代教育理念的基础上，应结合00后大学生的身心发展特点，采取科学的措施创建与时俱进的工作模式，满足00后大学生思想政治教育的实际工作需求，进而培养出符合新时代中国特色社会主义事业的合格建设者和接班人。

第四节　大学生的认知发展与教育

和中小学生相比，大学生的认知无论在内容上还是在形式上都有了质的飞跃，其思维方式达到或接近思维的最高水平。了解大学生认知发展的特点是有效进行高校教学的重要前提，是达到高等教育目标——科学知识的学习和掌握的重要保证。本节将就认知发展的基本理论、大学生认知发展的一般特点做出简要阐述，然后重点介绍大学生思维（认知的核心成分）发展的一般特点。

一、认知发展的基本理论

关于个体的认知发展问题，许多研究者从不同的角度进行了系统的理论探索和实证研究。皮亚杰从认识发生的角度探讨了认知发展的一般特征和深层机制，斯腾伯格（R．J．Sternberg）的三元智力理论采用信息加工的方法对认知的本质和发展做出了全新的阐释，美国心理学家佩里（W．Perry）则提出了针对大学生这一特殊群体的认知发展阶段论。

（一）皮亚杰的认知发展阶段理论

皮亚杰认为个体的认知发展可分为以下四个阶段。

（1）感知运动阶段（0～2岁）。该阶段是认知的发生时期。儿童通过感知运动图式与外界环境相互作用，认知发展依靠动作来完成，逐渐从反射活动向信号性或象征性功能过渡。

（2）前运算阶段（2～6岁）。这一阶段的儿童能够通过言语表象和其他符号形式来表征自己的内心世界和外部世界，但他们的认知仍是直觉性的，不符合逻辑，具有不可逆性和自我中心性。

（3）具体运算阶段（6～11岁）。此阶段是儿童开始真正运算思维的第一个阶段。他们能够根据具体事物进行形象的逻辑思维，但仅限于眼前的具体情境或他们所熟悉的经验。虽然在10岁之后，他们的思维具有了一定程度的抽象概括性，但是具体形象性仍占有主导地位。

（4）形式运算阶段（11岁以上）。形式运算是对命题之间的意义联系进行思考的运算。处于形式运算阶段的个体能够脱离感知和表象的支持，通过有逻辑的、假设的和系统的推理来寻求问题的解决。他们还能够监控和反省自己的思维活动，出现"对操作的操作"，如"我在思考我的未来"；然后，我开始思考"我为什么要思考我的未来"；再然后，我又思考"我为什么思考我为什么要思考我的未来"。

对形式运算阶段的扩展：皮亚杰认为，在达到形式运算阶段之后，个体的认知就达到了成熟，在此之后的发展仅仅是经验和知识的增加，思维的方式不再有质的变化。一些研究者对此提出了批评。他们认为仅用形式运算来解释成熟的青少年后期或成人期的认知水平是不够的，尤其是对那些受过高等教育的大学生来说。对此，瑞吉尔（K.Riegel）提出了"辩证思维"来解释15岁之后个体认知发展所表现出来的越来越明显的辩证特征。

瑞吉尔认为，辩证思维是认知发展的一个独立的分支。个体可以从皮亚杰的四个认知发展阶段中的任一阶段直接发展为与之相应的辩证运算模式，达到辩证思维阶段。不同的是各阶段的辩证过程的复杂程度不同。如年幼的儿童会辩证地认识到"姐姐比自己要大，但同时她比汤姆小"这个问题，而达到形式辩证阶段的个体则能够辩证地认识和解决抽象的矛盾。

（二）斯腾伯格的三元智力理论

斯腾伯格对认知的成分进行了较深入的分析，从认知的背景、经验和信息加工要素三方面来考察个体的认知，提出了三元智力理论。该理论由以下三部分组成。

情境亚理论。情境亚理论说明了智力发生的社会文化情境。个体在日常生活中表现出对环境的适应功能：当环境与个体的价值取向、能力或兴趣不相符时，个体可以尝试改造环境以达到人与环境的和谐。当改造失败时，个体可能会选择一个新的环境，从而使人与环境达到更好的和谐。情境亚理论包括实践性智力和社会智力两种。

经验亚理论。经验亚理论表明在特定任务或环境中，与情境相适应的行为，并不等于该类行为在任何时候都会产生同等"智慧"。我们不能简单地判定一个任务的完成是否需要智力，完成该任务在多大程度需要智力取决于个体具有多少关于该任务的经验。当遇到一个全新的问题时，个体没有任何经验而不知所措，表现出较低水平的智力；当遇到一个比较熟悉的问题时，个体会表现出较多的智慧；当遇到一个非常熟悉或自己专业领域内的问题，个体会表现出自动化加工和专家级水平的智力。

成分亚理论。成分亚理论阐述了构成智力行为的心理结构和机制。斯腾伯格认为，认知结构由元成分、操作成分和知识获得成分组成。元成分的作用是制订计划、选择策略及监控具体的加工过程；操作成分执行元成分建构的行动计划；知识获得成分进行选择性编码、联结和比较新旧信息以学习新信息。个体的认知发展正是这三种成分反复相互激活的结果，而非认知结构本身的性质突变所致。儿童、青少年和成人在解决问题时，都要用到认知结构中的三种成分，只不过他们在各成分上所花费的时间及对各成分进行整合的速度不同。

上述三种智力之间是相互联系的。情境亚理论将智力与个体的外部世界相联系，提出"哪些行为对个体而言是智慧的表现，这些行为在何处才显示出智慧"。经验亚理论将智力与个体的内、外部世界联系起来，回答了"行为何时是智慧的"的问题，表明在某项任务情境中，智力与经验多少之间的联系。成分亚理论将智力与个体的内部世界联系起来，它回答了"智力行为是如何产生"的问题。

（三）佩里认知发展的三段论

哈佛大学心理学家佩里对大学生的认知发展进行了跟踪研究。他将大学生的思维发展划分为以下三个阶段。

第一阶段：二元论（dualism）阶段。处于这一阶段的大学生以对与错两种形式来进行推理，对问题及事物的看法是非此即彼的。他们将知识视为固定不变的真理，所追求的是"什么是正确的答案"，而不考虑这个答案是否合理。他们更重视过去已经发生的事件而不是未来的可能性。大多数刚入学的运用具体形式推理的大学生，就处于这一阶段。

第二阶段：相对性（relativism）阶段。此阶段的个体认识到事物的复杂性和多样性，能够接受对同一事物的不同解释，接受各种不同的观点；他们会根据不同的、变化着的情境对问题做出判断；他们不再将知识视为固定不变的真理，而是通过权衡，对不同的观点和理论进行比较，进而找到解释现实的有效理论。在这个阶段，个体思维过程的抽象性及理论性已达到很高水平，但仍受到"权威者要我怎么去思考……"的思想束缚。

第三阶段：约定性（commitment）阶段。在约定性阶段，个体不仅能够进行抽象逻辑思维，而且在分析事物时具有自己的立场和观点，即能够确定"这对于我是正确的"。并且他们对自己立场的坚持并不是盲目的，能够根据不同的情况做出选择，以更适当的方法来处理新信息和新问题。

上述三个阶段的具体内容反映了大学生的思维从以形式逻辑思维为主向以辩证逻辑思维为主过渡。

二、大学生认知发展的一般特点

关于智力发展速度和高峰年龄期的研究表明，大学生智力发展的速度低于儿童，个体智力发展的高峰期在 22 ~ 25 岁，大学生的智商具有相对的稳定性，但在良好的环境、教育和主观努力下，可以得到改变。可见，虽然大学生的智力发展速度低于中小学生，但从总体上看，大学时期是个体智力发展走向成熟的一个时期，通过良好的教育和自身的努力，大学生的认知发展可以得到进一步促进。下面我们从认知结构诸要素的变化来分析大学生的认知发展特点。

（一）观察力

大学生的观察力具有主动性、持久性和多维性的特点。大学生具有强烈的求知欲和探索精神，能够积极主动地对自己感兴趣的事物或现象进行观察；在观察过程中，他们不会轻易停止观察，始终坚持追踪观察的目标，具有相当强的持久性；在观察时既能深入细致地观察对象或现象的某一方面，又能把握观察对象的全貌。并且在实际观察中，他们能够从一定的目的出发，对事物进行细致的观察，观察的精确性和概括性明显提高。

（二）记忆力

心理学研究表明，个体的逻辑记忆能力在 20 ~ 25 岁达到最高峰。在大学阶段，繁多的课程门类，抽象深奥的教材内容和较高的学习标准，促使大学生的逻辑记忆能力高度发展起来。他们不再像中学生一样对各种知识"死记硬背"，而是在充分理解所学材料的意义和实质的基础上进行记忆；他们能够深入分析所学内容，并选择最有价值的、未知的新知识进行记忆；他们还能够将新知识纳入已有的知识体系之中，按照一定的逻辑结构系统地、完整地储存新知识。

此外，大学生的各种记忆品质都得到了全面发展，能够快速、准确地记忆大量内容，记忆的容量增大，敏捷性、精确性和准备性全面增强。并且，大学生通过亲身实践，学习和掌握了一些实用而有效的记忆方法，如联想法、纲要法、序列法等，从而能够进行更好的记忆。因此，大学时期是个体记忆力发展到成熟的时期。

（三）想象力

大学生的想象克服了中小学生想象的幼稚性和虚幻性，想象中的科学性、创造性成分日益增多。有研究者以"描述一件最危险的事情"为题，对大学生进行创造想象力测验。结果如下：想象典型者占全体被试者的 72% 以上，这说明大多数大学生的创造想象力都比较丰富。并且，大学生对事物的想象时会考虑其实现的可能性，想象中的科学合理的成分增多，而不再仅仅是单纯的幻想。

三、大学生的思维发展

思维是以已有知识为中介的，对客观事物的概括的、间接的反映，它是认知（智力）的核心因素。大学生的思维在各个方面都有了很大的发展。从思维的特性来看，其独立性、合理性和灵活性明显增强。大学生一般不满足于书本或教师提供的现成答案，喜欢独立思考，能对自己的思考进行检查和评价，并且思维的灵活性超过其他同龄人。同时，大学生思维的广阔性和深刻性也有了很大发展，他们喜欢在不同的知识和实践领域进行思考，探究事物或现象的本质及原因。大学生思维结构的变化最能体现他们的思维发展特点，具体如下。

（一）在形式逻辑思维发展的同时辩证逻辑思维逐渐趋向成熟和完善

形式逻辑思维是指在感性认识的基础上对事物本质联系的抽象统一的反映。它所反映的是事物的相对静止性和不同事物之间的区别。在形式逻辑思维活动中，个体对客观事物的抽象认识是孤立的、静止的和片面的。辩证逻辑思维，则是对客观现实的本质联系的对立统一的反映，它不仅反映事物之间的相互区别，而且反映它们之间的相互联系；不仅反映事物的相对静止，而且反映它们的绝对运动。它并不否认事物自身的统一性，但认为这种统一只存在于差异和对立之中。可见，形式逻辑思维和辩证逻辑思维有着明显的不同。

在青少年时期，个体虽然已经掌握了某些辩证思维的方式，但形式逻辑思维仍占据优势地位。我国学者朱智贤领导的全国青少年心理研究协作组的研究表明，形式逻辑思维在初一开始占优势，到高二时几乎趋于基本成熟。青少年的辩证思维的发展也是相当迅速的，但辩证推理的发展远远落后于辩证概念和辩证判断的发展。因此，研究者认为，"中学阶段只是辩证思维出现、形成和迅速发展并逐渐趋于占优势的阶段，而不是其成熟阶段"，"辩证逻辑思维能力更完善的发展要到大学阶段才能出现"。美国心理学家佩里和布朗的研究也表明，进入成年期后，个体思维的辩证成分逐渐增多，他们逐渐意识到对同一个问题可能有多种不同的答案，问题的解决可以通过多种方法来实现。

大学生辩证逻辑思维的迅速发展与高等学校的教学密切相关。大学生的学习，不仅是要掌握科学知识，而且要掌握科学理论、科学研究方法和科学的发展历程，并要了解所学知识在实践中的应用过程。高等学校的课程内容也是中学课程所无法比拟的。如中学数学课程只是"常数的数学"，而高等数学则涉及"变数的数学"，前者是形式逻辑在数学中的应用，后者则是辩证法在数学上的应用。此外，大学生的生活、活动和他们所接触到的人际关系，也需要他们产生新的思维形式和思想方法，需要他们用对立统一的观点、全面发展的观点去观察、分析和解决问题，即需要他们发展辩证思维。同时，大学生自身神经系统功能的完善和知识经验的积累，也为大学生辩证逻辑思维的迅速发展提供了必要的主观条件。

需要指出的是，大学生形式逻辑思维的发展与辩证逻辑思维的发展是相辅相成的。前者为后者的发展提供了可能性；后者的发展可以促进前者的进一步发展。就大学阶段的思维发展任务来说，应着重发展大学生的辩证逻辑思维，同时也要注意培养他们的形式逻辑思维。

（二）在常规性思维发展的同时，创造性思维也在迅速发展

根据思维所要解决问题的性质不同，可以把思维活动分为常规性思维和创造性思维。常规性思维要解决的问题是人类认识已经解决、但对解决者来说是新颖的问题。创造性思维所要解决的问题，是人类认识尚未解决并且具有巨大社会价值的问题。大学生学习的主要任务是继承人类已有的知识经验，其思维活动总体上属于常规性思维。但同时，大学生的学习又有别于中小学生，对他们来说，更重要的是学会自己寻找知识和创造知识，培养创造性思维和开拓能力。这既是时代发展的需要，也是个体创造力发展的必然要求。

首先，大学生创造性思维的发展是时代发展的需要。在当今社会，科学知识急剧增长，知识的更新速度越来越快。任何一个学生都不可能掌握他将来工作所需的全部知识。这就要求大学生不能仅仅掌握"死"的书本知识，而是要学会开拓和创新，一方面要创造新知识，另一方面要将书本知识创造性地应用于实践之中。

其次，从创造的最佳年龄来看。我国学者王极盛对许多科学家和创造发明家的研究表明，创造性思维的最佳年龄在25~45岁（从大学毕业后开始）。美国学者戴尼斯（W.Dennis）以艺术家、科学家和人文学家为对象，研究了他们全部的创造性成果及其产生时间。该研究发现，无论在科学领域，还是在艺术、人文科学领域，都存在着一个共同之处，即20岁前后的个体尚未进入创造性思维的高峰期。综合上述研究可知，大学生尚未进入创造的最佳年龄区，但却处于这一时期的准备阶段。在大学阶段进行创造性思维和创造力的培养和训练，对其创造性思维的继续发展、完善和呈现具有重要作用。事实也表明，许多杰出人才的创造活动，在大学阶段就显露端倪，有了良好的开端。大学阶段对个体创造性思维的发展具有特殊意义。此外，高等学校也为大学生创造性思维的发展提供了有利的条件。高等学校不仅拥有从事科学研究的先进的仪器设备、丰富的图书资料，而且拥有学术造诣较深的师资队伍和良好的学习环境，这些十分有利于对大学生进行创造性思维培养和训练。

我国学者对大学生的创造性思维发展特点进行了研究。研究发现，大学生的发散思维（创造性思维的主要形式）已有一定程度的发展，但表现出较大的个体差异；发散思维品质的发展水平也有差异，被试者在图形、符号和语义测验上的分数都是流畅性高，变通性次之，独创性最低。因此，在大学阶段，可以在流畅性的基础上，将创造性思维培养的重点放在培养思维的变通性和独特性上。

（三）在思维能力高度发展的同时，形成了对思维的元认知

元认知（meta cognition）是对认知的认知，是"以各种认知活动的某一方面作为其对象或对其加以调节的知识或认知活动"。元认知不仅包含个体对认知的认知，而且包含个体怎样支配自己的认知，即元认知由元认知知识和元认知监控组成。元认知知识指主体从

客观世界中获取的与认知有关的知识，由关于认知主体的知识、认知任务的知识和认知策略的知识组成；元认知监控是指主体在从事认知活动的过程中，把自己正在进行的认知活动作为意识对象，不断对其计划、监控的过程。元认知监控有时也包括元认知的体验，它是指与认知任务相关的认知或情感的体验。

大学生对思维的元认知，表现在以下三个方面：①他们能直接思考自己的认识活动，能够清楚地意识到自己的认知过程及其活动方式。例如，大学生能意识到自己在思考问题时所采用的思维方式和方法，能意识到所用方法的有效性和结果的正确程度。②大学生对自己的认知和情绪活动都充满兴趣，能进行较深刻的反思。他们能够意识到自己的思维与他人思维的不同，对自己思维的认识更加客观。③大学生不仅懂得规则的内容及意义，而且能够认识到规则的规则，能够在头脑中比较在现实中无法比较的规则，对运算进行运算，由法则推导出法则。这样，有关思维的元认知的发展，使大学生能够更好地调节和控制自己的思维活动，提高学习的效率。有研究者考察了大一学生（年龄在 18 ～ 20 岁）对问题解决策略的理解。研究发现，大学生在解决问题时，使用的类推策略最多，自由产生策略最少。他们普遍认为自由产生、类推、逐步分析、形象化重构和整合这五种策略最适宜于用在学习情景中，在人际交往中的作用不大。该结果没有显著的性别差异。另外，大学生认为几乎每一种策略都需要综合、分析、判断和推理四种思维能力，其中自由产生策略需要用到更多的能力，包括创造能力。

还有的研究者考察了大学生的元认知成分与学习动机、坚持性、学习方法等非智力因素之间的关系。结果发现，大学生对元认知知识的掌握最好，而元认知监控能力较差。在元认知知识方面，学生能够比较清楚地意识到自己已有的兴趣、爱好、记忆与思维特点、与他人相比的优势与短处等，但关于实践任务、认知策略等方面的知识明显欠缺，他们不知道如何根据学习材料的不同性质、结构和长度提出不同的学习要求，不了解知识应用的具体条件与情境。在元认知监控方面，学生普遍能制订合理可行的中、短期学习计划并不断检查其实施情况，并能有意识地控制、调整认知过程，但他们对学习中的漏洞、薄弱环节、作业与考试中的错误等却缺乏补救意识，很少反省自己的问题并有针对性地进行补缺和补差，从而使问题越积越多。

很多学生也不会及时检查自己的学习进度、与认知目标间的差距等，对认知的监控不够。该研究还发现，元认知各维度与非智力因素方面均存在着高度正相关，其中坚持性与元认知监控的关系最为紧密，说明良好的非智力因素对个体元认知水平有重要作用。

第五节　大学生的人格与社会性发展

随着大学生的生理成熟和认知的发展，他们的人格也表现出不同的特征，社会角色和社会地位也发生变化。日益增长的成人感导致青少年同伴关系发生了一定的变化，使他们产生了新的人际责任。这些新的活动和机会都能促使个体的自我评价发生改变，他们追求独立、自由和自主。同时，他们更深入地思索道德问题，并逐步形成稳定的价值观和人生观。

一、大学生的人格发展

（一）人格概念与特性

人格"personality"一词源于古希腊语，原意是指希腊戏剧中演员戴的面具，体现的是不同角色的特点和各种人物的性格。心理学沿用其义，转译为人格。因心理学家各自采取的角度不同，对于人格的界定众说不一。国内学者综合各家之见，对人格界定出一个简明易懂的概念："人格是个体在遗传素质的基础上，通过与后天环境的相互作用而形成的相对稳定的和独特的心理行为模式。"

人格是一个具有丰富内涵的概念，它具有如下特征。

（1）独特性。这是指每个人的人格都是独特的，表现为个体独特的心理或行为特征。如有人内向、有人外向。这种独特性还表现为人格各种特征组合成不同的风格，使人与人之间相互区别开来。例如，在娇生惯养、溺爱的环境中，"固执"带有"撒娇"的意思；而在冷淡疏离、艰难困苦的环境中，"固执"又带有"反抗"的意思。

（2）稳定性。稳定性是指一个人的人格在时间上具有前后一贯性，空间上具有一定的普遍性。比如，一位性格外向的大学生，在各种不同的场合都会表现出活泼开朗的特点。这种特点在他上大学时是这样，大学毕业后也是这样。这就是人格的稳定性。俗话说，"江山易改，禀性难移"，这里的"禀性"就是人格。然而，人格的稳定性并不是说人格是一成不变的，随着生理的成熟和环境的改变，人格也具有一定的可变性和可塑性。

（3）统合性。人格是由许多成分和特性组成的，但并不是几种要素的简单总和，这些成分和特性错综复杂地交互联系，交互制约。当一个人人格结构的各方面彼此和谐一致时，就会出现健康的人格特征；否则，就会使人发生心理冲突，产生各种生活适应困难，甚至出现"分裂人格"。

（4）社会性。人格的社会性是指社会化把人这样的动物变成社会的成员，人格是社会的人所特有的。社会化的内容也像人类社会本身那样复杂多样。社会化与个人所处的文化传统、社会制度、种族、民族、家庭有密切关系。通过社会化，个人获得了从服饰习惯到价值观和自我观念等人格特征。人格既是社会化的对象，也是社会化的结果。

（二）人格的结构

人格是由不同成分构成的一个结构系统，不同成分从不同侧面反映了人格的差异。人格结构系统包括认知方式、动机、气质、性格、自我调控等成分。其中，气质是体现高级神经活动类型上的差异，性格是体现社会道德评价方面的差异。下面我们主要分析一下气质和性格这两种人格的成分。

（1）气质。气质是个人生来就具有的心理活动的动力特征，表现在心理活动的强度、速度、灵活性和指向性等方面，即我们平常所说的脾气秉性。如"娇"黛玉、"莽"李逵、"灵"燕青、"稳"林冲，这些心理差异就是气质差异。人的气质差异是先天形成的，受神经系统活动过程的特性制约。刚出生的婴儿就表现出明显的气质差异，如有的喜吵闹、好动，不认生；有的则比较平稳、安静，害怕生人。

气质说最先源于古希腊医生希波克里特的体液说，他认为人体内有四种液体，即黏液、黄疸汁、黑胆汁、血液。希波克里特根据四种体液的配合从心态上将人分为四种类型。约500年之后，罗马医生盖伦进一步确定了气质类型，提出人的四种气质类型是胆汁质、多血质、黏液质、抑郁质。

（2）性格。性格是人格结构的一个重要组成部分，是个人有关社会规范、伦理道德方面的各种习性的总称。性格中包含许多社会道德含义，是一种与社会相关最为密切的人格特征。一个人的性格表现在他的行为举止中，主要体现在对自己、对别人、对事物的态度上和采取的言行上。

性格不像气质那样具有天赋性、没有好坏之分，它是后天在社会环境中逐渐形成的，是个体最核心的人格构成，受个体的价值观、人生观、世界观的影响。所以性格具有好坏之分，体现了一定的社会性与道德性。如在遇到歹徒抢劫时，有人不惜牺牲生命与之奋斗，有人则退缩自保，而有人甚至趁火打劫。这些具有道德评价含义的人格差异，我们称为性格差异。这将在下一节中做具体介绍。

（三）大学生人格发展的特点

大学生群体与社会其他青年群体相比，他们的知识、智力和教育环境等方面有所不同，因此他们表现出不同的团体人格特征。

1984年，中国学者曾用修订过的"加利福尼亚心理测验表"对中国大学生进行了调查。结果表明，中国大学生在谦让、克己、忍耐、谨慎、负责等性格特征方面较为突出，说明他们的心理健康程度较高，对现实社会有良好的适应能力。在处理社会、他人和自我的关系时，能够首先考虑社会，反对以自我为中心。在处理人际关系时，他们先考虑社会和他人，这并不是意味着他们追求社会的赞许，而是表现出敢于面对现实、尊重事实的特点，并不过分掩饰自己。在支配与冲动特点方面大学生表现不突出，在社交方面倾向于积极进取；他们具有稳健、从众的性格特点，具有良好的社会化程度。他们在聪慧、敏感等与智力有关的性格特征方面较好，但是在"独立成就"和灵活性上的得分均较低。不同学科大学生的性格特征以及性别差异，均有各自的独特性。

二、大学生自我同一性的确立

埃里克森认为，青少年自我的发展就是同一性的发展。进入大学以后，个体继续整合同一性结构和自我系统，寻找有意义的方式以及为社会认可的方式。这个时期是个体同一性巩固的时期，心理社会任务包括：寻找职业道路；发展与伴侣的亲密关系；形成与家庭联系的新方式；确立一系列有意义的价值观以带到成年期的生活中。

（一）自我同一性概念

埃里克森提出了自我发展的八阶段生命周期理论，认为个体在每个阶段都面临着一个独特的心理社会发展任务，埃里克森将其称为"心理社会危机"。如果个体能够成功地完成每个阶段的发展任务，解决了危机，个体就会产生积极健康的心理。教育的作用就在于发展积极的心理品质，避免消极的心理品质。

埃里克森认为，青少年期的发展课题是自我同一性的确立，建立统一感和防止同一性扩散。所谓同一性，是一种发展的结构，有时指一个人对其身份的自觉意识，有时指他对个体性格连续统一体的无意识追求。青少年期的个体处于自我的发现与再整合的时期。他们在各个方面摇摆不定，他们已意识到应该承担很多的社会责任和义务，但又自觉没有能力持久地承担各种义务，因此在做决断的时候往往要进入一个"暂停"的时期，一种避免同一性提前完成的状态。在这个延缓的时期，个体学习并实践各种角色，掌握各种本领，为以后承担责任和义务做准备。在确立自我同一性之前的一段时间，青少年期可以暂时合法地延缓所必须承担的社会责任和义务，因此，青少年期又被称为"心理的延缓偿付期"。这个"心理的延缓偿付期"是指，尽管个体在身体、性、心理方面都表现出独立性倾向，但还是暂缓让他们履行成人的义务和责任。个体可以在这个延缓偿付期接触各种人生观、思想、价值观，尝试着从中选取一些，经过亲身体验，再检验是否符合自己。经过多次反复循环，他们最终决定自己的人生观、价值观，制订自己对将来职业的计划，从而最终确立自我同一性。在现代社会，大学生应该正处于"延缓偿付期"。因为在初中和高中阶段，学生的时间被紧张的学习和考试占满，他们没有时间充分思考自己的问题，探索自我。进了大学以后，在心理和时间上都有余暇，这个时候才是进行真正自我探索和自我确立的时期。

（二）中国大学生同一性的发展

青少年同一性发展的方向和水平，影响着个体的人生观和价值观的形成和稳固。许多研究表明，青少年的同一性状态与其心理发展的其他方面密切相关。同一性形成者比其他的个体在心理上更加健康，他们在成就动机、道德推理、同伴亲密性以及事业成熟性上的得分最高。同一性延缓的个体在焦虑测量上的得分最高，在自主问题上表现出了最高的冲突水平，表现出较低的决断性。同一性早期完成的个体表现出了最高程度的决断和偏见，对于社会赞许有着最为强烈的需要，具有最低的自主水平以及与父母的高水平的亲密性。同一性扩散的个体表现出最高水平的心理和人际问题，他们的社会退缩非常强烈，并且表现出与同伴最低水平的亲密性。因而可以说，自我同一性的发展和确立，是大学生的重要发展任务。

三、大学生同伴关系的发展

在从儿童向成人的过渡时期，个体的社会关系呈现出全新的人际交往模式。他们发展最迅猛的社会性需要是受人尊重的需要、友谊的需要和交往的需要，他们开始疏远成人而热衷于与同伴交往，对同伴倾注了越来越多的感情，同时萌生了与异性交往的强烈愿望。相对于前期的生命历程来说，青少年期同伴的影响作用明显增强，同伴关系对其发展具有无以取代的独特作用和重大的适应价值。

（一）大学生友谊的发展

大学生友谊关系的意义。相对于童年期友谊的发展，青少年期的友谊带有更多的感情色彩，意味着更加忠诚、坦率。友谊关系在儿童和青少年期心理健康发展中具有十分重要的作用。心理学家沙利文（H.S.Sullivan）曾指出，作为社会性个体的人有一系列基本的社会需要，包括安全依恋、游戏陪伴、社会接纳、亲密以及异性联系等。在青少年期，朋友逐渐成为满足上述需要的重要来源。青少年愿意与亲密的朋友分享个人的秘密，拥有值得信赖的亲密朋友，这可以增强他们与同伴之间的信任感、接纳感和相互理解感。同时他们也可以向他人提供支持和帮助，体验自我价值。因此，若青少年期个体没有建立起亲密的、具有支持性的友谊关系，他们会感到孤独，自我价值感可能降低。许多研究证实了沙利文的观点，青少年比儿童更多地从朋友处寻求支持和陪伴，更多地依靠他们获得肯定价值和亲密感。歌德曼总结了青少年这一特定的时期友谊关系的六大发展功能。

（1）陪伴。青少年朋友间有很多的相似之处，他们有更多的时间相处，愿意协作活动。

（2）放松。青少年与朋友度过快乐的时刻。

（3）工具性支持。青少年从朋友处获知大量的信息、资源和援助等。

（4）自我意向的支持。朋友的鼓励、慰藉和反馈有助于青少年保持积极的自我意象，获得自我同一性。

（5）社会比较。青少年通过朋友的比较可以确定自己在同伴中的地位，明确行为的适当性。

（6）亲密。友谊关系是一种充满深情的、彼此信赖的友好关系，友谊双方可以自由表露自我，彼此分享秘密。

大学生的择友心理。大学生交友择友都有一定的条件，他们按照自己的条件认真选择知心朋友。他们选择知心朋友的标准是多方面的。中央教育行政学院心理教研室曾以"你选择朋友的主要标准是什么"为题向大学生进行问卷调查。结果表明，多数学生都把"诚实坦率"和"品德高尚"作为选择朋友的首要标准。其次是"聪明有才华和富于创造精神"。最后是性格方面的特点，如"尊重别人""重友谊""兴趣广泛""助人为乐""风趣幽默"等。总体来说，大学生选择知心朋友的标准大体有两个方面。一类是有关相互关系方面的要求；另一类是对朋友的品质方面的要求。从内容方面来看，在事业上，大学生要求知心朋友有理想、有抱负、有事业心，彼此志同道合，有共同的奋斗目标；在品德方面，朋友必须正派、善良、诚实、忠实；在学识上，朋友必须知识面广，有能力，有才华，爱思考。同时大学生也把兴趣爱好相近、脾气性格相通作为选择朋友的标准。

同时，大学生在交友方式上也非常慎重。黄希庭等对北京大学、华东师范大学等11所高校的1702名学生交友方式的调查表明，绝大多数学生都认为通过相识，在深入了解甚至经过考验的基础上建立知己关系是最佳的交友方式。这种方式建立的友谊巩固而且亲密。而且，朋友间谈论的内容也是友谊亲密的重要表现。黄希庭对大学生和中学生的调查表明，大学生的友谊比中学生的友谊在心灵共鸣层次上更深入。中学生朋友间经常谈论的中心是学习问题；而大学生朋友间经常谈论的是人生价值和前途问题。大学生把友谊看作心心相通的桥梁，朋友之间无话不谈，毫无保留。

（二）大学生恋爱关系的发展

在青少年期，个体社会关系网络中包括各种形式的异性关系，青少年与异性的接触显著增多。这种异性交往最初发生在大范围的群体背景下，然后发展到友伴群体内部。随着男女关系逐渐密切，发展到一对一的朋友，最终出现男女之间的恋爱关系。

恋爱是一种高级的情感交流，是大学生生理和心理发展的自然结果。黄希庭等曾对当代大学生爱情的特点进行过广泛的调查研究。结果表明，我国当代大学生爱情的特点主要表现在以下几个方面。

首先，表现在对待爱情和事业的关系上。结果表明，大多数大学生赞同爱情应当服从事业，爱情不是人生的唯一目的；有33.7%的大学生赞同没有体验过爱情的幸福就不知道生活的价值；有13.5%的大学生赞同把爱情放在生命和事业之上。而且，超过半数的男生和女生赞同热恋时多付出些时间是不可避免的。

其次，表现在择偶的态度上。调查表明，男大学生择偶的标准依次为：性格爱好，道德品质，才能，身材容貌，经济条件；女大学生择偶的条件依次为：性格爱好，才能，道德品质，身材容貌，经济条件。同时，大学生在评价爱情与择偶条件时既考虑到现实，也能顾及未来。大多数人赞同爱情要建立在真正的相互了解的基础上；部分学生认为在短暂的时间内建立起来的爱情同样能够有美满的结局。总的来说，大学生择偶的态度是现实而慎重的，把对方的性格爱好、道德品质及才能作为择偶的主要条件。

最后，表现在对待爱情道德的态度上。调查表明，多数大学生主张对待爱情应当严肃负责，忠贞专一；认为那种朝三暮四或同时与几个人恋爱是极不严肃、极不负责任的行为；认为在恋爱中越轨发生性行为是极不道德的行为。但随着西方文化的进入，有30%的大学生认为，只要双方愿意，婚前发生性行为也不是什么不道德的事情。有关大学生婚恋心理的最近研究表明，大学生对"三角恋爱"或频繁更换恋爱对象的认识模糊。他们在此方面缺乏认真的思考和认识，不少大学生为了排解生活中的寂寞而寻找异性朋友，有一定数量的大学生在选择异性朋友的时候以貌取人、以利取人、朝秦暮楚，其结果往往是给别人带来了痛苦，也给自己带来了很大的心理困扰。在性心理的发展过程中，大学生也存在着很大的矛盾冲突。许多大学生在面对性的问题时徘徊于传统与开放观念的矛盾之中，不知该如何来摆脱自己身心发展过程中存在着的不安和压抑。

四、大学生价值观的发展

价值观是一种外显或内隐的、有关"什么是值得的"的看法，它是个体或群体的特征，可能会影响人们对行为方式、手段及其结果的选择。一般认为，价值观是人们对特定行为、事物、状态或目标的一种持久性偏好。价值观并不是与生俱有的，而是通过社会化过程得以实现的。人在社会化的过程中，学习并掌握基本的行为方式和价值准则。青少年期正是个体人生观、价值观开始形成并逐步稳定的时期，这个过程受社会文化的影响，具有很大的社会文化依从性。随着我国改革开放的深入、市场经济体制的建立等，我国的社会经济和文化环境发生了很大的变化，青少年的价值观也会发生一些变化。下面主要从两个维度来介绍我国大学生的价值观的特点：个人—集体关系，人生价值观。

（一）大学生的个人—集体主义价值取向

王重鸣等曾对个人主义—集体主义取向的价值观进行了研究，结果表明，在总体上，青少年的价值观是偏向集体的，但同时也表现出在愿意归属集体的前提下仍想保持自己的个性的特点。在大学时期，这种特点越来越明显。而且，随着年龄的增长，青少年的集体—个人价值观越来越趋向于个人主义，乡村青少年比城市青少年更趋向于集体。与美国青少年相比，我国青少年在诸如国家安全、尊敬长者等集体倾向上的得分较高，表明我国青少年比美国青少年更倾向于集体。

公私观念是关于如何看待和处理公与私的关系的认识，涉及个人主义与集体主义的价值取向。张进辅对青少年学生的公私观念进行了考察，结果表明：第一，从总体上看，青少年学生关于公私关系的基本观点按比例依次为：公私两利—先公后私—大公无私—先私后公—自私自利。赞同"大公无私"和"先公后私"的人数超过50%，这表明半数以上的青少年在观念层次上倾向于强调集体和国家利益。这是我国文化价值观念对青少年影响的结果。赞同"公私两利"的比例相当高，父母对青少年的评定也显示了这个特点，表明近年来青少年公私观念的变化。第二，初中、高中与大学之间差异极其明显，表现为初中、高中到大学集体主义取向逐渐减少。这可能与青少年自我意识的逐步发展、所接受的社会信息增多有关。

（二）青少年的人生价值观

人生价值观是一种信念，表现为个体的人生目标是什么，选择什么样的生活道路和方式。其中，价值目标是个体人生价值观的核心。人生价值观对青少年的生活道路与生活方式的选择起指导作用。黄希庭等人对我国2000余名13～22岁的青少年学生的价值观特点进行了调查。其结果表明：中国青少年学生的价值观总体上来看是相当一致的，有所作为、真正的友谊、自尊、国家安全被列为最重要的价值观，内心平静、舒适的生活、兴奋的生活、拯救灵魂被列为最不重要的价值观；有抱负、有能力、胸怀宽广所得的评价最高，整洁、自我控制和服从的评价最低。随着年龄的增长，青少年对"自由""成熟的爱""社会承认""钟情""独立"等价值观的重要性的评价逐渐增高，对"世界和平""富于想象力"的评价逐渐降低。而且，在某些具体的价值观上存在着性别差异，表现为男性青少年更看重勇敢等，而女性青少年更看重自尊。中国青少年的价值观与西方文化下青少年的价值观存在明显的差异，表现出对社会文化价值观的内化。

张进辅采用自编词汇选择问卷对 639 名大学生的人生价值观进行调查。结果发现，大学生最为重视的人生价值观目标依次为：事业成功、国家强盛、纯真爱情、身体健康、知识渊博、心情舒畅、真诚友谊、家庭和睦、美满婚姻、世界和平，而奉献社会、光宗耀祖等排序靠后；他们最愿意采用的价值手段为：拼搏进取、诚实守信、深谋远虑、勇于竞争、量力而行、百折不挠、自我控制、洁身自好、随机应变、埋头苦干，而甘为人梯、循规蹈矩、委曲求全等排序靠后。总体上，男女大学生在人生价值目标及手段上存在较大的一致性。

总之，我国大学生的价值取向与人生价值观总体上表现出我国文化背景下特有的特点，如看重国家与集体利益，倾向于集体主义，与西方文化背景下的青少年的价值观有明显不同。并且表现出这一年龄阶段的发展特点，如倾向于平等主义，在人生目标上看重有所作为、事业成功、自由、爱情、友谊等。这些价值取向的形成是个体在成长过程中内化社会价值取向的结果。同时，社会经济的发展变化对大学生的价值观念存在影响，他们在总体上倾向于集体主义的同时，也要求保持自我与个性，城市大学生比乡村大学生更多地表现出个人主义。

第四章 高职大学生心理健康教育的 改善策略与方法

第一节 构建和谐文明的校园环境

党的十七大做出了建设生态文明的重大战略决策，提出"建设生态文明，基本形成节约能源资源和保护生态环境的产业结构、增长方式、消费模式"。明确提出要把我国建设成为生态环境良好的国家。生态文明思想不能自发产生，需要教育和引导。大学生生活于校园文化之中，和谐的校园文化对他们树立生态文明的观念具有不可估量的影响，因此，积极构建和谐校园文化，把校园文化作为大学生生态文明教育的有效载体具有重大意义。

一、和谐校园文化的内涵

校园文化是一个宽泛的概念，是指高校在长期的办学活动中形成的，由全体师生员工共同创造并遵循的，独特的价值标准、审美情趣、思维模式及行为规范，以及与此相关的优良的学风、校风等。是从属于社会文化的一种亚文化，是校园内一切物质和精神存在的总和。和谐校园文化通常包括以下三方面内容：一是物质文化，包括校园建筑特色、文化活动场所、设施和校园绿化、美化、信息传媒等，是校园文化的基础。二是精神文化，包括师生员工的人生观、价值观、文化素养、心理素质以及校风和学风等，是校园文化的核心。三是制度文化，指学校特有的各种规章制度，是校园文化的行动指南。校园物质文化、精神文化、制度文化三者之间不是彼此孤立的，而是相互联系、互相影响、相互促进的，共同构成了校园文化这一有机的、统一的整体。

和谐的校园文化是新时期对大学生进行生态文明教育的一个重要途径和有效载体。一方面，高校校园文化适应了新时期大学生关注时代和社会，不断提高思想文化水平的要求；另一方面，大学生生态文明教育工作又必须植根于校园文化中。构建和谐校园文化和进行生态文明教育的目的是一致的，就是要使大学生成为"四有"新人，成为社会主义建设事业合格接班人和建设者。

二、和谐校园文化对大学生生态文明教育的作用

和谐校园文化对大学生生态文明教育具有重要的作用，主要表现在：

（一）规范作用

规范作用，是指校园文化对学生的约束作用。高校的校园文化原本就具有全体校园人认同的集体意识特点，因而对生活在其中的每一个大学生都具有一定的规范约束作用。校园文化既然是体现了学校群体的主体意识，体现了学校从领导到群众的价值观念及其取向，那么它自然地就具有一种不可侵犯性、不可违背性，具有一定的发展惯性。为每一个大学生在评定各自的道德品质、行为方式和人格特征等方面提供了内在的尺度，并用这种内在尺度规范个人的言行举止。由一定的校园文化产生的一些非正式的、约定俗成的群体规范和共同的价值标准，虽然没有强制执行的性质，但有时却比正式的规范更为有力、有效和有利，更能影响大学生的心理，更能改变大学生原本就存在的一些不合理的行为方式和态度。

（二）调节作用

大学生们在参加各种校园文化活动时，大学生之间，学生与老师之间有了相互接触、了解的机会和场所。在交往和交流中，他们不但了解了别人，也更深刻地认识到自己的长处和优势，同时也认识到自己的不足，增强了自我批判和自我发展的能力。校园文化之所以吸引大学生就是因为丰富多彩的科技、文化、娱乐、艺术等活动满足了他们的成才动机和交往的初衷与放松、调整、归属、遵从等心理需求，且能补充和完善教学内容以外的不足需要。也正是它，给大学校园增添了一种气氛、一种活力，对于大学生的身心健康有着极大的促进作用。对于营造大学生健康的心理结构和培养良好的心理承受能力，对于帮助他们尽快适应快节奏的现代社会生活，摆正自己的位置，在各自岗位上勇于担负起建设祖国的使命，无疑起到巨大作用。

（三）激励作用

杜威说："教育的理想目的是创造自我控制的力量。"一次植树造林活动会让人记忆终生，一次志愿服务会让人感慨万分。在校园文化中，通过开展一系列学生自主参加的活动，能够涤荡学生胸中的杂念，让学生在活动中受到感染、触动，从而积极主动地融入健康向上的校园文化中，调整自己的思想和行为，使自己与校园精神合拍，在轻松愉快的学习和生活氛围中，变自卑为勤奋，变孤独为亲密，在矛盾运动中提高自我整合能力，使自己的人格日趋健全而成熟。

（四）社会化作用

高等学校本身就是学生生活的"小社会"，它不只是青年学生求知的场所，而且还是学生接受实践锻炼和提高实践本领的训练基地。从社会学角度看，教育的主要功能也在于

使青年一代实现社会化。高校校园文化以其特有的精神环境和文化氛围，使生活于其中的每个个体有意无意地在思想观念、行为方式、价值取向等诸方面与既定文化发生认同，从而实现对人的精神、心灵、性格的塑造，达到社会化的目的。大学生的社会化是在多方面因素的影响下实现的，校园文化作为大学生成长的客观环境，时时刻刻对大学生的思想形成和社会化起着熏陶、引导和塑造作用。

三、积极构建和谐校园文化，营造大学生生态文明教育的有效载体

思想政治教育的载体，是指在实施思想政治教育的过程中，能够承载和传递思想政治教育的内容或信息，能为思想政治教育主体所运用，促使思想政治教育主客体之间相互作用的一种活动形式和物质实体。和谐校园文化是大学生思想政治教育的有效载体。生态文明教育与思想政治教育有许多相通之处，因此，可以引用思想政治教育的相关原理来研究和加强大学生生态文明教育。

（一）营造和谐校园氛围，构建生态文明教育隐性载体

在教育学理论中，把学生所学的课程分为两部分———显课程和潜课程。显课程指学校列入教学计划，规定学生必须掌握的知识、技能、思想观点、行为规范等，具有明确性、规范性；潜课程则指未列入教学计划，对学生具有潜移默化影响作用的校园建筑、文化设施、校风、学风、人际关系、校园环境氛围等。潜课程贯穿于大学生在校生活的各个方面，渗透到教育的全过程。学生在校期间除了接受显课程的教育之外，都在自觉不自觉地接受着潜课程的教育。校园文化氛围不通过灌输、纪律约束，而是通过陶冶和感染，潜移默化地影响人的思想、情感和生活，净化人的心灵，是对大学生进行生态文明教育的隐性载体。生态文明的校园环境需要和谐的校园文化氛围。因此，通过营造和谐的校园文化，使身处于其中的大学生们感受到生态文明的校园环境的重要性，潜移默化地按这种环境所要求的标准来约束自己的言行，并内化为自己的道德情操和行为习惯，从而树立生态文明的观念，持久地影响他们将来的工作和生活。

（二）丰富校园文化活动，构建生态文明教育实践载体

校园文化活动是校园文化建设的主要内容，它融思想性、知识性、趣味性于一体，是对青年学生进行生态文明教育的实践载体。马克思主义认为：社会实践是造就全面发展的人的唯一方法。缺乏实践性的生态文明教育是无法实现科学性、系统性、高效性的。从生态文明教育接受的角度来讲，生态文明教育不能仅仅通过灌输和强制执行来达到目的，只有生态文明教育的内容符合大学生的内在需要，使大学生自觉接受，并化为自己的行动时，才能达到预定的目的。学校各级组织应广泛征求学生意见，组织各种生动活泼、喜闻乐见的校园文化活动，构建生态文明教育的实践载体，让生态文明教育有形化，使学生在参与

活动的过程中，放松身心，愉悦心情，同时，自觉接受了生态文明教育，形成良好的生态道德观念。

（三）发展校园学术文化，构建生态文明教育科技载体

学术文化活动是高层次的校园文化活动，它所产生的文化成果以及对校园文化环境和学生思想意识形态的影响都是其他校园文化活动无法替代的。随着教育体制的不断深化，青年学生的主体意识和个体行为发生了很大变化。以学术科技活动为主导，以文化娱乐活动为基础的校园文化活动，成为校园文化建设中的重要任务。学术文化从一定程度上决定了校园文化建设的层次和水平。丰富多彩的校园学术文化活动是课堂教学和社会实践的交汇点，可以弥补课堂教学中的不足，巩固课堂所学的知识，扩大学生的知识领域，发挥学生的各种潜能，锻炼多方面的能力，对学生的思想、行为产生深远的影响。要鼓励大学生更多地参与校园学术文化活动。要提高校园学术文化活动的质量与水平，增加校园文化中的学术气氛和科技含量。

（四）重视校园网络文化，构建生态文明教育信息载体

随着信息技术的不断发展，网络作为一种不可抗拒的新事物走进了大学生的生活，网络生活已经成为大学生生活的重要组成部分，无论其内容和形式都迥异于以往的校园文化形态，并以其信息的开放性、资源的共享性、环境的无序性使传统教育工作受到严重的威胁和挑战。网上存在的一些反动的政治言论，宣扬暴力、色情、反人类、反科学、反社会等内容的文化垃圾，对大学生思想道德观念产生巨大负面影响。高校要善于利用网络技术拓展新的领域，实现生态文明教育工作的科学化、现代化，充分发挥校园网的生态文明教育功能，利用现代化信息传播技术，传输积极健康的信息，使网络成为加强大学生生态文明教育的新领域。

第二节　调整心理健康教学策略

开设心理健康教育课程是高校心理健康教育的主渠道。以 2011 年教育部印发的《普通高等学校学生心理健康教育课程教学基本要求》为出发点，明确高校心理健康教育课程是集知识性教育与体验性教育为一体，为培养全体大学生心理素质而开设的专门课程的定位，厘清高校心理健康教育课程目标的发展性与建构性，内容的实用性与体验性，实施的互动性与开放性，评价的综合性与灵活性的特征，进而分析高校心理健康教育课程在教学策略中应注意深化学生主体意识、注重课堂内容整合性、教学方式多样化以及评价体系先进性的问题。

高校心理健康教育课程是面向全体大学生，集知识性教育与体验性教育为一体，为培养学生心理素质，促进学生全面发展而开设的一门专门课程。分析高校心理健康教育课程

的定位、特征，为提升高校心理健康教育课程教学效果提供思路与启示。

一、高校心理健康教育课程的定位

2011 年教育部印发的《普通高等学校学生心理健康教育课程教学基本要求》明确规定了高校心理健康教育课程的内涵及目标，即高校学生心理健康教育课程是集知识传授、心理体验与行为训练为一体的公共课程。课程旨在使学生明确心理健康的标准及意义，增强自我心理保健意识和心理危机预防意识，掌握并应用心理健康知识，培养自我认知能力、人际沟通能力、自我调节能力，切实提高心理素质，促进学生全面发展。

高校心理健康教育课程是为培养个体心理素质开设的专门课程。高校心理健康教育可分为治疗性心理辅导、发展性心理辅导、预防性心理辅导。心理健康课程采用课程的方式普及心理健康知识，宣传心理保健技能，帮助学生清醒意识且有效调控自己的心理和行为偏差，完善心理素质，激发心理潜能，提高生活质量，最终实现身心和谐的共同发展。高校心理健康教育课程不同于其他心理健康教育形式，其他心理健康教育形式重在治疗与咨询，而高校心理健康教育课程重在预防，更能从源头上解决心理问题的产生与恶化。作为一门课程，高校心理健康教育的含义具有广延性，不仅要及时预防，帮助个体挖掘自身潜能，更要在此基础上有所突破，培养学生良好的心理素质，提高学生认知与调节能力，促进学生全面发展以及个体与社会的和谐发展。培养个体心理素质，是高校心理健康教育课程的基本点，也是心理健康教育工作的出发点。

高校心理健康教育课程是以全体大学生为对象的公共课程。公共课程指的是高等教育中任何专业或者部分同类专业都必须学习的课程，虽然公共课程的内容与专业知识不直接相关，但高校公共课是对大学生进行系统理论和思想教育的主渠道、主阵地，也是推进素质教育的核心课程。对提升大学生的认知能力以及实践能力具有重要作用。高校心理健康教育课程作为一门公共课程，承担着培养学生科学的心理健康知识观、提高学生心理适应的技能与方法以及增强学生自我认知水平的任务与责任，其教学效果具有潜伏性与持久性，不能像背英语单词或学习一道数学公式一样有立竿见影的效果，却在潜移默化之中对学生的学习与生活产生良性的导向作用。高校心理健康教育课程以全体大学生为对象，必然遵循当代大学生心理发展阶段与特点。根据埃里克森的人格发展八阶段理论，当代大学生处于青春期向成年早期迈进的阶段，面临自我同一性与角色混乱的冲突、亲密与孤独的冲突。面对处于过渡期的大学生，在心理健康教育课堂中如何把握大学生心理的积极性与消极性，如何疏通大学生心理的内在矛盾性，是每个心理健康教育工作者应当思考与探究的问题。

高校心理健康教育课程是有别于一般课程并强调主体体验性的课程。注重授课中的活动性，要求教师积极引导学生参与到各种活动中去，在实践与经验的相互联系中产生新的经验与认识。杜威曾说过，教学应从学生的经验和活动出发，使学校在游戏和工作中采用与儿童、青年在校外所从事的活动类似的活动方式。究其本质，强调主体体验性的高校心理健康教育课程是以学生为本位，发挥学生主体性、创造性的课程。一般课程侧重于人类积累的学科知识的传授，注重知识的内在逻辑性及其相应的技能培养，以认知—接受为主要教学模式，以教师的讲授为主要教学方法，这与心理健康教育课程的教学理念存在着差距。与学生心灵的沟通与交流，不是一般课程所能达到的境界，也不是单纯地依赖间接知识的传递而能够实现的，在心理健康教育课堂中必须创设合理的情境，以活动为载体，通过影响学生情感，关注学生的心理体验，从而实现自我优化与发展。

综上所述，高校心理健康教育课程是面向全体大学生，集知识性教育与体验性教育为一体，为培养学生心理素质，促进学生全面发展而开设的一门专门课程。以学校课程体系为标准，属于公共必修课，强调了其基础性；以课程形式为标准，注重授课的活动性，反映了其体验性；以课程内容为标准，属于综合课，体现了其全面性。高校心理健康教育课程在培养学生心理素质，促进学生自我实现方面发挥着举足轻重的作用。重视高校心理健康教育课程的开设、设计、实施、评价以及理论体系建设，对提高高等教育教学质量，促进高校大学生成长成才具有重要意义。

二、高校心理健康教育课程的特征

泰勒提出了课程编制的四个阶段，即确定目标、选择经验、组织经验、评价结果。笔者依据课程编制的最初角度，以泰勒的课程理论为基础，从课程目标、课程内容、课程实施、课程评价四方面出发，探究高校心理健康教育课程的特征。

（一）课程目标的发展性与建构性

发展性强调动态的学习方式，是一种全时空发展的学习方式，主张在开放思维条件下，将学生置于动态学习环境下，形成动态思维结构，达到情感能力的协调发展。心理健康教育课程应以发展性目标为主，预防性目标为辅。心理健康教育课程目标的发展性，旨在强调通过心理健康教育课程，不仅能增加学生心理健康的理论知识，也能培养学生的人际交往以及社会适应能力，引导学生正确认识自我，从而有益于学生的终身发展。这种发展性是动态化的，不是一成不变的、僵化的，会随学生的成长呈现不同的改变与反映。

建构性强调学习是学生主动建构的过程，学生会主动对学习信息进行选择与加工。这体现出高校心理健康教育课程的目标并不是固定的或者可预测的，而是不断生成与自我建构的。个体由于生活经验的差异，对同一事物往往产生不同的看法，建构出不同的认知体系，形成不同的情感体验。建构性反映出学生不是学习被动的接受者，而是主动学习的建构者，这是高校心理健康教育课程的落脚点。特别对于高校大学生，培养其自主学习能力是终身发展的基础，培养其创新意识与实践能力是时代的要求。高校心理健康教育课程目标的发展性与建构性是不可分割的，共同体现了其课程本质，为具体的目标设置提供指导，贯穿于高校心理健康课程的各个环节。

（二）课程内容的实用性与体验性

课程内容的选择是课程目标的体现，也是课程实施的基础。根据高校心理健康教育课程目标的发展性与建构性，课程内容应当具有实用性与体验性。实用性，就是要求教学内容对学生有用，即教学内容的选择应以学生心理需要以及实际情况为标准。只有立足于大学生身心发展的实际需要和社会要求，才能帮助学生解决实际问题，才能让学生增加课堂投入，达到教学效果，才能使学生的独特个性、人格、思想得到展现，成为课堂的主人。学校心理健康教育课程是发端于生活世界又依附于生活世界的一种新型课程，其课程内容不追求文本的知识性、学术性和结构性，而是注重心理生活场景的设计和情境的渲染，以及呈现具有生活气息的心理空间。强调高校心理健康教育课程的生活化、可操作性、参与度以及趣味性，其实质在于使学生产生共鸣，获得体验感。体验是让学生亲身参与课堂活动，用自己的知识结构及经验去体会与感受，学生只有在体验的过程中才能将获得的经验与感受自觉地内化为稳定的价值观与人生观。高校心理健康教育课程内容必须以实用性为基础，以体验性为标准，课程内容的广度既要涉及心理健康知识的理论学习，又要重在学生心灵的健康成长；课程内容的深度既要符合大学生的年龄特征与兴趣需要，又要与社会发展对大学生不断提出的要求相适应。

（三）课程实施的互动性与开放性

课程实施是将编制好的课程计划付诸实践的过程，是实现预期的课程理想，达到预期课程目标的基本途径。高校心理健康教育课程不同于其他课程，不是简单地将课程计划付诸实践，也不一定能准确预期学生的反应，其课程实施要做到相互适应取向和课程创生取向相结合，即在课程实施中教师要根据实际情况对课程进行整合与修改，课程实施是学生与老师共同"发现问题—探究问题—解决问题"的创造性活动。高校心理健康教育课程目标实现的基础是课堂中学生与学生、学生与教师之间的互动性，实现的保障是课程实施中的开放性。课程实施的互动性以平等的师生观为基础，以活动设计的巧妙性为体现，教师不再是课堂的权威，而是学生学习的引导者，教师与学生是相互交流学习的关系，课程进行中活动开展的顺序、教师语言或动作都会成为唤起学生情感体验的时机。

课程实施的开放性一方面指课堂空间的开放性，课堂物理环境包括教室大小、桌椅布局、光线强度等都会影响心理健康课堂的教学效果，另一方面指课堂氛围的开放性，每一堂心理健康教育课程都应当是轻松、愉悦的，只有在和谐放松的状态下，才能反映学生最真实的情绪与感受，才能激发学生最佳的学习意识与学习状态。高校心理健康教育课程实施是整个课程中最关键最核心的环节，以互动性与开放性为指导，结合课程与教学对象的特殊性，平衡课程实施环节的各个因素，才能最有效地实现心理健康教育课程目标。

（四）课程评价的综合性与灵活性

评价是一个过程，是一种测定教育目标在课程与教学的方案中究竟被实现多少的过程。高校心理健康教育课程的课程评价强调评价内容的综合性以及评价方式的灵活性。综合性要求心理健康教育课程不能以成绩作为衡量标准，而要与学生课堂内外经历相联系；不能以统一的标准衡量每一个学生，而要以具体化的改变作为进步的标准；不能以单一的方式评价学生，而要注重多种方式相结合。教师不再是评价主体，学生必须积极参与评价过程，得到学生认可的评价方式才具有促进学生反思与成长的意义。以教师、社会以及外界各要素价值观为主导的评价体系，并不完全适应心理健康教育课程的目标，甚至会适得其反，引起学生抵触情绪。心理健康教育课程是与学生心理成长密切相关的课程，注重评价方式的灵活性，对学生心理成长是一种积极暗示。高校心理健康教育课程评价的综合性与灵活性不仅是课程特征的反映，更是改善高校心理健康教育课程教学效果、促进高校心理健康教育课程可持续发展的必然要求。

三、高校心理健康教育课程教学策略应注意的问题

（一）深化学生主体意识

深化学生主体意识，是顺利开展高校心理健康教育课程必须遵循的教学理念，贯穿于高校心理健康教育课程的各个环节。高校心理健康教育课程在目标设置上以学生发展为出发点，充分考虑学生的自我体验、自我反思与自我教育，在课程内容上以学生的心理需要为立足点，以学生实际生活为素材，选择实用性与体验性并重的教学内容，在课程实施中将学生摆在课堂的第一位，针对不同的学生进行个性化教学，在课程评价中注重学生话语权等都是深化学生主体意识的体现。只有深化学生主体意识，才能实现心理健康教育课程目标，才能保障心理健康教育课程的实施，才能发挥心理健康教育课程的作用。

做到深化学生主体意识不是盲目的。不同的年级、不同专业要开设不同的心理健康教育课程。比如大一新生关注对新环境的适应，而大四的学生关注择业技能的提升，故针对不同年级阶段的学生要展开调查，开设重点突出的心理健康教育课程。在征求学生建议的基础上，根据埃里克森人格发展八阶段理论，对教学内容进行调整，兼顾科学性与实用性。不同的班级也要开设不同的心理健康课程。班级的整体氛围与性格特征对课程能否顺利进行具有重要影响，特别是对于心理健康教育课程，在开展团体活动中能否调动学生的积极性，这需要教师针对班级特点进行合理的活动设计。不能把尊重学生主体地位作为唯一标准，要注重把学科发展的最新理论和思想理念融入课程教学内容，强调课程体系结构的科学性、先进性，使学生获得较完整的心理健康知识，掌握认知、情感、交往、优良人格培养等知识和方法，提高学生的认识水平和心理调控能力。

（二）注重课堂内容的整合性

高校心理健康教育课程内容的实用性与体验性，要求该课程集心理健康教育知识、心理问题解决技能以及个人情感体验与改变为一体，在教学设计以及课堂内容的选择中，满足三方面的需求，才能更好地为学生心理发展服务。心理健康知识、技能以及个人体验三者本身并不是分裂孤立的，而是相对独立彼此交融的，心理健康理论知识是解决心理问题

的基础，而个人体验贯穿于知识学习与技能提升的过程中，最终表现为个体世界观、人生观、价值观的形成与稳定。

高校心理健康教育课程内容要注重与校园文化以及其他学科的整合。在校园文化的内涵方面主要指人类（师生）活动的造物之意，外延方面一般包括办学理念、制度文化、行为文化、环境文化等等。校园文化是学生身处的大环境，加大校园文化建设力度，是为每位学生创造更好的文化与学习环境。高校心理健康教育课程可以以校园文化建设为依托，通过各种校园文化活动，培养学生社会责任感、适应社会以及正确认识自我的能力。将心理健康教育课程理念与内容渗透到其他学科教学中，是进行心理健康教育的重要途径，能以潜移默化的方式促进学生的全面发展。

高校心理健康教育课程教材影响课堂内容的全面性。教材是课堂中重要的学习资料，高校心理健康教育课程教材，内容要全，兼顾知识、技能与体验；内容要新，教材结构和语言，要贴近生活，贴近学生，紧跟时代特色；运用要灵活，以多本教材为蓝本，选取适应具体课堂情形的内容为教学参考。加强高校心理健康教育课程教材的建设与管理，对于整合丰富的教学资源，提高课堂内容全面性，进而促进课堂教学效果提升有重要意义。

（三）实现教学方式的多样化

实现教学方式多样化以和谐的师生关系为前提。高校心理健康教育课程实施的互动性与开放性，以教学方式多样化的实现为途径。心理健康课堂中学生对教师必须有充分的信赖与认可，才能唤起学生的情感体验。和谐的师生关系不仅指师生相处融洽，心理健康课程教师在教学过程中，要摆正心态，认识到教师与学生的平等关系。心理健康教育课堂中没有教师、没有学生，有的只是人与人之间真实的、直接的交流。将各自的情感、思想、价值观坦然地展现出来，才能形成精神上的碰撞，进而有所思、有所悟。

实现教学方式多样化以教学手段信息化为保障。信息技术与多媒体的发展，深刻影响着教育教学活动。高校心理健康教育课程要以学生为主体，实现课程实施的开放性，就必须创新教学手段，实现课堂辅助性工具的信息化。利用现代化视听工具，使用各种有针对性的心理图片、音像视频资料等辅助教学，有利于提高教学效率与教学效果。利用信息化手段，合理延伸教学空间与场景，建立课程网站，教师可以分享教学经验与视频，学生可以进行讨论与自主学习，使高校心理健康教育课程不再局限于课堂教学中。

实现教学方式多样化以运用多种教学方法为根本。高校心理健康教育课程教学方法要体现其专业性，主要包括课堂讲授、案例分析、小组讨论、心理测试、团体训练、情景表演、体验活动、角色扮演等教学方法。针对不同的教学内容、不同的群体，科学合理运用每种教学方法，才能发挥其价值，实现心理健康教育课程的互动性。

（四）强调评价体系的科学合理性

对高校心理健康教育课程教学的评价主要在于对其效果的评价，即是否促进大学生的人格健康发展，是否促进大学生的创新性思维和学习，是否增强学生应对心理问题及压力的能力，是否增强了学生的自我意识，是否促进学生对事物的正确认识等。以高校心理健康教育课程目标为指导，构建科学合理的评价体系，是促进高校心理健康教育课程教学效果的必然要求。一方面，高校心理健康教育课程教学评价要突破传统教学评价的桎梏，贯穿于整个教学过程，实现有效教学。在课程实施过程中要不断进行评价，对所出现的与教学目标相偏离的部分进行及时的分析、预测与处理。另一方面，高校心理健康教育课程教学评价要借助先进的电子信息技术，在评价教学效果的同时，为教师课程设置、教学改进以及促进教师终身发展方面做出贡献。现行的高校课堂教学评价存在评价方式不健全、评价结果误差较大、无法为教师提供决策依据等问题。信息技术所支持的学习分析技术能得到关于学生学习绩效、学习过程以及学生对课程教学评价的信息，并能进行准确的决策，是高校心理健康教育课程教学评价的新途径。

我国高校心理健康教育课程起步晚，并正处于亟待发展的关键时期，着眼于高校心理健康教育课程的特殊性，紧跟时代发展，不断改进高校心理健康教育课程的教学策略，进而提升心理健康教育成果，完善心理健康教育课程，提高大学生的心理素质，这是每个教育工作者应当承担的责任与义务。

第三节　重视思想教育工作

当前，心理疏导在高校大学生思想政治教育中占据着一定的地位，具有重要的理论意义和现实意义。本节首先简要概述大学生思想政治教育心理疏导的意义，其次对大学生思想政治教育心理疏导的主要内容进行阐述，在此基础上从完善健全的思想政治教育工作机制、提高教育工作者的人文素养、优化和谐的高校学习生活氛围等三个层面思考实现大学生思想政治教育中心理疏导的具体路径。

党的十八大报告明确指出"加强和改进思想政治工作，注重人文关怀与心理疏导"。这不仅揭示了党对思想政治工作提出的新要求，更为大学生思想政治教育工作指明了方向。在新的历史时期，探索大学生培养工作中的心理疏导机制，能够为做好大学生教育培养工作提供指导意见。

一、大学生思想政治教育心理疏导的意义

当前，受多元文化思潮的影响下，大学生的人生观、世界观、价值观发生重大的变化，严重影响他们的身心朝健康的方向发展。这就需要在高校思想政治教育工作中注重对大学生进行心理疏导。当前，大学生思想政治教育的心理疏导具有以下几点意义：

第一，促进大学生身心健康发展。大学生正处于身心发展和成长成才的关键期。这一时期大学生的认知思维、价值观、情绪情感体验上表现出了与其他年龄阶段不同的特点。

而且，我们更要看到，当今的大学生基本已是95后群体，独生子女数量较多，经济社会的快速发展带来优越的成长环境使得今天的孩子缺少忧患意识、团结意识，所以对大学生的自我控制能力、社会适应能力以及抗挫折能力的培养就成为大学生思想政治教育的必然要求。在现实社会生活中，不断发生的大学生因心理问题而造成的刑事犯罪事件，正迫切要求高校思想政治教育发挥切实有效的作用。因此，如何运用疏导策略，开展广泛形式多样的心理教育，降低各种因心理疾病引发的事件的发生，就成了高校思想政治教育工作的重要任务。

第二，提升大学生良好的人格品质。大学生的思想政治教育本质上就是一种培养人的社会实践活动，要采取合理的、适应大学生身心健康发展的内容与方式关爱他们的内心世界，塑造良好人格品质。改革开放使得竞争意识向各个领域渗透，大学生成长环境的差异，使他们的社会价值取向存在明显的不同，不利于大学生的成长成才。高校的思想政治教育，要通过心理疏导的方式，进行心理教育和思想教育，锻炼大学生坚强的意志品质，以增强他们的自尊、自信，从而塑造良好的人格。在这一过程中，教师要制定可行性方案，充分地开发大学生的心理潜能，使不自信的大学生发现自己的优势；同时，在正确归因的基础上，合理地看待成功与失败，获得感悟和体验，合理调整期望值，建立适合自己的奋斗目标。这样在通过努力达到目标后，才可获得成就感。

第三，坚定大学生的人生理想信念。高校的思想政治教育，不仅注重对大学生科学文化知识的传播，更重要的是在教育的过程中，培养学生具备科学的思维方式，塑造符合社会要求的个性品质。大学生对知识的学习充满渴望，精神世界满足的需求迫切。高校思想政治教育与社会环境同时对大学生的人生观、价值观和世界观产生影响，而高校思想政治教育作为对大学生主流价值观教育的主战场，社会环境中的价值观的多元复杂性对高校思想政治教育产生极大的挑战。在大学生思想政治教育工作中注重对大学生的心理疏导，关注他们的心理发展和精神需求，引导大学生正确对待自己、他人和社会，正确地对待学习、就业的困难和挫折，从而塑造大学生积极向上的心态，以构建健康和谐的精神家园。

二、大学生思想政治教育心理疏导的主要内容

心理疏导的内容是构成完整、系统心理疏导机制的一个基本要素。从以下几个方面对大学生思想政治教育心理疏导的主要内容进行阐述：

在学业疏导方面，大学阶段作为大学生成长成才的最为关键的阶段，其中他们的学业水平和学习能力起着至关重要的作用。在这一阶段中，大学生所受到的教育影响着他们的思想观念和行为选择，这不仅关系着他们对未来的职业定向和价值取向，更在一定程度上关系着他们身心的健康发展。大学生在接受高等教育的过程中，存在的问题主要表现在：学习积极性和主动性不高、缺乏学习动力；有的学生对所学专业不感兴趣，以获取所谓的"学历"为主要动机，缺乏思考意识和创新精神；在各种社会压力的影响下学习目标不够

明确，漫无目的；有的学习方法不佳，甚至考试过度焦虑等。

在情感疏导方面，大学阶段不仅是大学生身体迅速成长的阶段，更是他们情绪情感发展的重要时期，其主要表现在：当代大学生，大多都是独生子女出身，就好比温室里的花朵，使得他们严重缺乏与同龄人的交流、沟通，从而造成他们的交往需求难以得到满足；此阶段的大学生自尊心较强，部分贫困生心理较为敏感，情绪情感脆弱，与富裕家庭的学生存在着一定的心理隔阂，在与他们进行交往时容易出现封闭、嫉恨等心理倾向性；而且大学生在面对男女交往、恋爱等问题时，由于不能正确地把握而带来生活中的困扰。

因此，针对大学生在学习、生活中出现的情感困惑，辅导员要根据大学生的个性心理品质，因材施教；根据大学生个人的实际情况，有针对性地进行人际交往教育，充分发挥疏导原则在教育中的运用，进行协商对话、心理调适，从而帮助大学生树立相互理解、宽容以待的积极心态，以解决学生人际关系之间的冷漠、紧张的状态，从而促使学生间的和谐发展；最后还要积极引导学生正常地对待异性交往，理智地对待友情、爱情等。

在就业疏导方面，面对的主要对象是大学应届毕业生。在进行系统化、专业化、全程化的就业疏导的过程中，可以帮助大学生树立正确的就业择业观念，对于培养大学生的社会适应性起着十分重要的作用。首先，从学校方面来说，可以分年级分阶段进行疏导，从职业了解与认知，帮助学生清楚就业的情况，到职业的定向与选择，带领学生认清职业方向，再到就业能力准备，为学生打好坚实的基础，最后到就业实现与职业启动这一阶段，开始学生的职业生涯。其次，从机制方面出发，要致力于构建和完善大学生就业疏导全员指导机制。所有的教师，包括辅导员在内，都要参与进来，可以通过一系列的就业讲座、多样化的学科竞赛、严谨的职业生涯规划、丰富多彩的班级文化活动等，让学生乐在其中，在健康的氛围中树立正确的就业择业观。

三、加强大学生思想政治教育心理疏导的路径分析

在大学生思想政治教育过程中如何对大学生进行心理疏导，并充分发挥其作用，就成为高校当前研究的重要课题。

首先，完善健全的思想政治教育工作机制。高校大学生思想政治教育工作注重心理疏导，在课堂教育方面，良好的思想政治教育目的是帮助大学生全面发展。完善健全的思想政治教育工作机制就是要"将教育、管理、服务三者融为一体并贯穿于教育工作的始终，增强大学生思想政治教育工作的服务效益"。这就要求教师在教授常规课程时尤其是学校的思想政治课时，能自觉有效运用心理学的理论和方法手段，让学生在学习学科知识的同时，完善心理品质，尤其是获得良好情感，锻炼意志品质。学科渗透的方式能潜移默化地教育和点化学生，使课堂更具人文关怀。这对教师有较高要求，心理疏导的运用要求教师改变教学观念，要活跃课堂氛围，改变单一的课堂组织形式，增强师生互动性。

其次，提高教育工作者的人文素养。大学生思想政治教育中心理疏导是非常必要的，

而承担这一重要任务的是高校辅导员。我们要培养一支有专业思想政治教育知识理论、有心理学专业知识、有专业的心理咨询能力、有良好人格魅力的综合素质的高校辅导员。只有思想政治教育者自己的心理素质良好，掌握专业的心理学知识和专业的心理学研究能力，才能去帮助大学生解决心理问题，使他们走出困境；教育者在具有专业知识、专业学科研究能力基础上，才能成为一名合格的高素质教育人才；只有思想政治教育者自己有良好的道德素质，有良好的人格魅力，才能真正影响学生，学为人师，行为世范，帮助学生成为有道德人。

再次，优化和谐高校学习生活氛围。和谐的校园文化氛围，有利于提升广大师生的文化素养，净化和优化大学校园文化人文环境。思想政治教育的传播能更好地促进校园文化的发展。开展思想政治教育主题活动，提高大学生的思想政治素质。开展形式多样的社会实践活动，社会实践活动是加强和提高大学生思想政治教育的有效方式。在社会实践活动中，大学生通过自身所学的专业知识进行社会实践活动，可以进一步地促进专业知识的提高，激发学习的热情，并在实践中得到启发受到教育，从而增强社会责任感。

综上，大学生思想政治教育中人文关怀和心理疏导对于促进大学生身心健康发展、提升大学生良好的人格品质、坚定大学生的人生理想信念具有一定的积极意义。大学生作为社会主义现代化建设和实现中华民族伟大复兴"中国梦"的主力军，他们的心理健康发展是时代的要求。因此，我们必须将大学生思想政治教育中人文关怀和心理疏导作为一个长期的系统的工程来抓，切实做好对大学生的人文关怀和心理疏导工作。

第四节　提高心理咨询服务质量

国外高校心理咨询服务起源早，服务系统全面，主要表现在心理咨询服务的目标与任务注重人性化和个性化，机构设置系统化，服务团队专业化，服务内容范围广，服务形式多样。其中主要形式包括个别辅导、团体辅导活动、心理辅导课程、网络辅导新招、学生心理互助计划及开展特色活动等。而我国心理咨询服务与国外发达国家相比，有较大的差距，所以我国需要立足于实际，合理借鉴国外先进的服务经验，引导我国的心理咨询服务更好地发展。

20世纪80年代，中国高校心理咨询起步发展。20多年来，学者们对国内外相关理论与实践的研究与探索，使我国高校心理咨询服务工作得到长足的发展。但是通过对比中国与美国、英国、日本、澳大利亚等发达国家的心理咨询服务工作的差异性，仍可发现我国高校心理健康教育的不足之处，需要继续总结和借鉴国外高校心理咨询服务的宝贵经验。

一、国外高校心理咨询服务的目标与任务

国外高校心理咨询服务的目标与任务，强调以生为本，注重人性化和个性化，针对学生个体特点，促进大学生整体性的健康。如美国崇尚个人的独立性，他们尊重每个人按照自身的方式进行生活，因此他们首要看中发展个人生活能力，希望能够按照个人的自身素质和发展规律来帮助每一个人，所以美国的心理咨询目标和任务由传统的矫正性不断向大学生活适应性和学习发展性的方向发展。美国高校心理咨询除了关注心理健康之外，还会关注大学生的身体健康、生活态度健康，以及生活环境适应等方面。美国的哈佛大学、麻省理工学院、斯坦福大学和耶鲁大学等一流大学就是美国心理咨询方面的代表。哈佛大学心理咨询中心的目标和任务主要是围绕"关爱每一位学生，尽量帮助每一位有病的学生，教育和服务大学社区的环境，以及关注学生健康相关的其他事务"。麻省理工学院心理咨询中心则是"通过组织各种促进学生身心健康的心理辅导教育活动，通过调动同学们之间的互助，促进校园内所有学生的健康、舒适地生活"。英国高校心理咨询中心的人性化理念主要体现在，满足大学生自身成长与发展的需要，如充分尊重学生的独立人格、特性和正当权益等。同时，服务的宗旨始终围绕学生自身成长和发展的需要，主动构建与学生的信任关系，充分调动学生自主性作用，积极参与到心理咨询的过程中来。

而我国高校的心理咨询中心更倾向于传统的矫正性心理咨询，重点关注学生的情绪障碍、行为偏差、人际交往障碍、学习困难等，帮助有心理障碍的学生消除障碍，更好地适应大学生活，维持校园内稳定与和谐。目前我国大部分高校心理咨询中心还处在解决问题的阶段，甚至有部分高校还定位于力图"不发生心理危机事件"的阶段，还没有把提升整体学生心理素质放到重要的议事日程上。

二、国外高校心理咨询服务的机构设置与人员构成

（一）机构设置的系统性

国外高校的心理咨询服务机构系统完善，分别由独立的心理健康服务中心、心理咨询中心和心理治疗机构等组成，能够提供一整套心理咨询与治疗的社会帮助机制。国外高校的心理咨询中心从行政上隶属于学校的学生事务管理部门，是学校服务学生的重要组成部分，而且与学校其他行政部门联系密切，共同为学生工作和生活服务。如美国哈佛大学学生心理健康服务机构包括医疗服务机构（如校医院等）、心理咨询机构、学习咨询处等。麻省理工学院则设医疗中心、健康交流中心、校园生活临床指导者办公室等，其共同点就是联合众多部门和机构，一起为学生提供涵盖个体成长与发展的心理健康服务。英国高校的心理咨询服务中心一般会包括心理健康顾问部、咨询与安置协调部、学习顾问部等，各部门间分工明确、专业化程度高。心理咨询中心从业人员有代理咨询师、临时咨询师、全职咨询师之分，共同构成专业化的服务队伍。日本高校的心理咨询则更加系统化，已经形

成了一支以心理学工作者为主、医务人员和学生管理人员等配合协作的工作队伍。其工作职能是帮助和支持大学生解决学习、心理、社会和发展中遇到的问题。工作层次由三级不同的心理援助构成，一级心理援助的目的是促进学生发展和适应环境，起预防性的作用，服务对象是全体在校学生。二级心理援助的目的是预防和早期发现问题，服务对象主要是心理、学习和就业升学等方面的问题学生。三级心理援助的目的是关注明显有心理问题的学生，服务对象是需要特别关注和援助的心理问题学生。

而我国大部分高校心理咨询中心，虽然行政上都设在学生工作部（处）下，但由于其工作的独立性，较少与其他行政部门联系，同时，因兼任学生事务工作不能专心从事心理咨询服务。此外，国内高校的心理咨询中心机构设置单一，服务范围窄。

（二）心理咨询服务团队的专业性

国外高校的心理咨询机构规范，人员配备充足，同时有严格的职业认证与管理制度。心理咨询工作人员进入高校心理咨询行业前，必须拥有规定的学历，一定时限的专业培训，同时接受过专业督导。入职前的专业实习，能够保证心理咨询从业人员的专业化水平。美国高校心理咨询机构专业人员数量配备充分，数量少则 6～7 人，多则 30 人左右。他们从业前必须进入美国学校心理学协会（NASP）和美国心理学会（APA）认可的心理学专业学习并获相关专业的博士学位，同时必须通过所在州的心理咨询员职业考核资格认证，才可以获得 APA 认可资格，从事心理咨询工作。从临床实践中可以看出，高校心理咨询中心的员工包括心理咨询师、精神病医生、咨询员、支持员工、精神科护士从业者、注册临床社会工作者和实习生。从工作性质可分为专业员工和支持员工。心理咨询由专业员工完成，他们大部分拥有教育学、咨询心理学、临床心理学、精神病学和社会工作者领域的博士学位。支持员工是指前台接待和后台服务工作人员，他们必须接受规定的心理咨询专业基本训练。英国高校心理咨询专业人员被称为"特许教育心理学家"。他们的认证与管理全部由英国心理学会完成。该协会规定所有从业人员最低资格必须满足研究生以上学历，拥有教师资格证认证，同时获得两年以上的儿童青少年教育经历。研究生毕业后，必须经过至少两年的教育心理学训练。高校心理咨询人员通过咨询规范教育，才可以为高校开展专业化的心理咨询服务。加拿大则执行严格的督导制度，定期对高校的心理咨询人员提供现场督导，组织他们定期进行专业研讨，并为他们提供长期的职业化和专业化指导。澳大利亚的心理学协会，则对新上岗和在岗的心理咨询师进行定期考核、评估和督导，确保高校心理咨询师的专业性。

而我国高校的心理咨询中心起步较晚，工作队伍专业性还欠缺，虽有部分心理学专业的硕士研究生毕业后加入队伍，但是兼职居多和工作繁杂。国家缺乏对高校心理咨询从业人员相应的认证系统、职业化的管理系统和严格的督导制度，同时也缺乏相应的机构组织高校心理咨询从业人员实习及培训，导致国内高校心理咨询机构专业性和临床经验不足，难以满足我国大学生的心理咨询需求。

三、国外高校心理咨询服务的方法内容与形式

〔一〕国外高校心理咨询的主要方法

国外高校心理咨询主要运用心理学四大学派的思想：精神分析学派、行为学派，人文主义（人本）学派、认知行为学派。Kartz（1983）提出，55%的心理咨询师会运用整合方法，16%的心理咨询师会运用精神分析或心理动力；10%的心理咨询师会运用行为主义；7%的心理咨询师会运用人本主义；12%的心理咨询师会运用其他。Hollanders（1999）提出95%的心理咨询师会运用折中的混合技术。国外高校心理咨询中心较多的使用传统的行为主义强化矫治技术、佛洛伊德的精神分析技术等。国外心理咨询中心由于咨询团队的专业性，且拥有完整的心理咨询系统，能够对受访者进行长期的咨询服务，所以心理咨询师能够较多运用精神分析法分析来访者深层次的冲突和精神结构，促进结构重组和人格成长。

而在我国高校的心理咨询中心较多使用认知行为疗法，它们的目标多集中在浅层的心理问题引导，较少对学生进行心理动力学的分析和人格的成长。所以，我国高校心理咨询大部分属于短期问题解决式的心理咨询。另外，由于我国咨询团队专业背景欠缺，咨询的免费性，心理咨询工作人员还要担任教学、培训、排查等工作，所教学生也可能来咨询，所以难以运用精神分析法等更加全面的咨询方法。

（二）国外传统心理咨询服务的主要内容

由于西方发达国家心理咨询的范围广，正向多样性和综合性方向发展。国外传统的心理咨询注重个别心理咨询，各高校每年接待的个别咨询人数众多，几乎涉及大学生生活的各个方面。国外传统的个别咨询，能够一对一服务，对于心理有问题学生的个人问题和危机干预有较大的帮助。

美国心理咨询中心的接待量大、咨询工作范围广。如：美国马里兰大学心理咨询中心2008-2009年4个分支部门共接待学生6 097人，占学生总数（37 000人）的16.5%。美国托马斯·克兰（Thomas Okland）将美国高校心理咨询的服务领域概括为个别评估、直接干预、间接干预、研究评估、监督与管理、预防等六大类。美国心理咨询中心业务范围广，主要职能包括学业发展、自我潜能开发、自我情绪调节、人际交往技巧、求职技能、婚恋关系发展、新生适应训练、心理测试与评估、心理危机干预等。对于问题严重的学生，心理咨询中心会采取转介到校医院或者校外医疗机构的方法来处理。美国整个社会形成一个互相支持的大学生心理健康系统。澳大利亚高校心理咨询中心的工作内容层次分明，形成一个三级服务范围，更好地为大学生提供心理咨询服务。一是为在学校环境适应、个人生涯发展和人际关系等方面遇到困难的学生，提供心理咨询或治疗；二是围绕学生学习和发展方面的问题，提供学习压力方面的咨询，协助学生顺利完成学业和自身发展；三是密切联系学校的其他管理部门，联手扩大服务范围，共同更好地应对学生突发心理危机，促进学生个人的健康发展。英国大学的心理咨询活动主要包括心理健康宣传、学习学业指导、心理

健康咨询和医疗卫生保健等四大方面。加拿大高校的心理咨询包括大学生学业、基本生活和工作等相关领域。

虽然我国高校心理咨询也大体包括以上内容，但心理咨询水平还不高，能力也不够强。内容层次不够分明，注重障碍性心理咨询，忽略发展性心理咨询。忙于学生心理健康的维护，未能顾及学生心理素质的提高。学生工作部门分工明确，但共同开展心理教育与咨询显得不够合力。

（三）国外高校心理咨询服务的主要形式

1. 团体辅导活动

随着心理咨询的不断发展，国外高校心理咨询的途径日趋多样化，在传统一对一个体辅导的基础上，逐渐盛行团体辅导。团体辅导的范围广，动力强，效果较好，因此逐渐成为国外高校心理咨询的重要补充。美国高校的团体辅导形式多样，主题能够密切联系大学生的实际生活和学习，能够较好被大学生接纳。如美国马里兰大学心理咨询中心，2008—2009年间通过咨询服务部和学习协调服务部组织了17个组别的团体咨询和治疗（如：关注自我身体和自身发展小组、姐妹朋友圈小组、压力管理小组以及自我放松小组等）。同时，学习协调服务部以工作坊的形式，吸引了197名学生参与15个不同类型的工作坊（如何使自己的生活变得有条理；如何缓解考试的焦虑情绪；时间管理等）。英国高校针对服务对象的不同，也通过团体咨询和主题工作坊的形式来丰富服务的形式。剑桥大学曾推出形式多样的主题工作坊，如时间管理、如何学会放松等。

2. 心理辅导课程

国外的心理咨询机构还常开设专业课程，促使学生在课堂上学习心理健康知识，让学生关注自我的心理发展，更科学地认识人类心理发展的特点。如以必修课或者选修课的形式开设健康心理学、变态心理学、人生成长、人类性行为、人的衰老和死亡等课程。同时，心理咨询中心也会调动专业老师的资源，共同开发大学生心理健康发展的课程，如大学生心理健康发展、人格健全等。

3. 网络辅导新招

随着网络技术的发展，网络心理咨询也成为国外高校心理咨询的重要形式之一。由于网络心理咨询的便利性、及时性和匿名性等特点，能给学生带来较强的安全感，所以，网络辅导得到盛行。学生可以在网上随时预约网络心理咨询，通过Email和聊天室等方式，解决学习、生活、恋爱，以及职业发展等问题。如美国马里兰大学的心理咨询中曾统计，2008—2009学年通过网络心理咨询共接待74 079人次，与一对一个别咨询接待人次（6 432人次）相比，具有数量上的优势。

4. 学生心理互助计划

国外心理咨询不仅仅局限于室内心理咨询，还不断扩展到学生间的心理互助活动。如美国的中间联系人（Med Links）计划和英国的朋辈心理辅导计划。美国麻省理工学院

Med Links 计划由健康促进中心发起和组织，从不同的生活群体，宿舍和学生社团中，寻找学生代表来做中间联系者。要求中间联系者每年参加一定学时的训练课程和研讨活动，提高他们处理问题的能力。中间联系者还可以通过 Ask A Med Link 网站，为有困难的学生提供帮助。中间联系者计划，则能够充分发挥学生之间的促进和联合作用。美国哈佛大学也有学生心理互助辅导组织，如"13 号室""反应""回响热线""共同热线"等。英国的朋辈辅导计划是一种学生心理互助形式，也是学校心理辅导的重要补充。如牛津大学以集中讲授、一对一实践、通过体验和导师的不定时培训指导等方式来培训心理朋辈辅导员。

5. 开展特色活动

国外高校会根据学生的需要，举办形式各样的心理特色活动。如美国的心理咨询机构，围绕大学生经常遇到的心理问题，以研讨会的形式展开讨论，通过适时的指导，可以把原来通过课堂或者个别咨询授予的心理学知识以及解决问题的技巧，同时引导参与学生更好地体验自己心理的细微变化，通过自我观察、自我记录、自我反思与自我反馈，让学生正视心理问题，达到心理健康教育的目的。如美国斯坦福大学的"斯坦福饮酒教育研讨会"，让学生们了解饮酒的危害以及如何应对酗酒等健康问题。此外，国外著名高校都设有健康图书馆或者资料阅读中心。通过健康图书馆，免费给学生提供书籍、多媒体资源和网络资源，拓宽心理咨询和服务的途径，提高服务质量，也能够更好地吸收新知识，更好地解决心理健康困难。如美国哈佛大学的健康图书馆，向全校学生开放。另外，国外大学还会结合大学生的实际问题，举办特色的心理健康活动。如加拿大多伦多大学的心理咨询中心，设立新生"适应项目"，项目的内容丰富，形式多样，通过讲座、见面会、午餐会以及集体外出等形式，让更多的新生能够加强交流，在活动中适应大学生活。

虽然我国高校大致也运用以上形式来开展心理咨询工作，但表面文章较多，效果受到影响。有些形式缺乏针对性和专业性，不受学生真心的欢迎。此外，搞一时轰轰烈烈的活动多，持之以恒的常规工作少，存在明显的形式主义和形而上学。

国外高校心理咨询服务起源早，系统完善，在目标与任务、机构设置与人员构成、内容与形式方面都有较多可取的经验。我国高校心理咨询服务要立足学校的实际情况，合理地借鉴国外心理咨询服务的经验，引导我国高校心理咨询服务向科学化、专业化、职业化方向发展。我国高校可以尝试拓宽心理咨询的目标和服务范围，提高工作队伍的专业性，丰富心理咨询的形式，完善系统的服务体系，形成一个心理咨询机构、心理治疗机构和心理健康服务中心三者结合的高校大学生心理帮扶体系。

第五节 建立健全学生心理健康档案

建立大学生心理健康档案，及时、全面地掌握大学生的心理动态，是高校心理健康教育工作的重要环节。该文主要阐述了建立大学生心理健康档案的重要性和必要性，探讨了当前在心理健康档案管理上普遍存在的问题，并在此基础上提出了相关建议。

一、建立心理健康档案的重要性

大学生心理健康教育的总体目标是：提高全体学生的心理素质，充分开发学生的潜能，增进心理健康，促进学生人格的完善与健全发展。其具体目标是：对全体学生开展心理健康教育，使学生正确地进行自我认知，增强自我调节、承受挫折、适应环境的能力，培养学生健全的人格和良好的个性心理品质。对少数有心理问题或心理障碍的学生，进行科学有效的心理咨询，让他们尽快摆脱困扰，适当进行自我调节，提高心理健康水平。大学生心理健康档案的建立和正确使用就是为达到以上目标而服务的。

大学生心理健康档案的建立是通过科学的方法，对大学生的心理状况进行全面的测试与调查而建立起来的，从中我们除了能了解每一个大学生的个性心理特征和心理健康状况，还能总结出不同大学生群体在心理健康中存在的共性以及差异性问题，为心理研究提供大量客观的第一手材料。

建立健全心理健康档案，能够及时准确地掌握和了解学生的心理发展规律、发展特点及现状，让教师尽快熟悉和了解学生，提高工作效率，为学校的科学管理提供宏观决策依据；同时有助于及时发现学生潜在的心理问题，能够对部分学生进行有针对性的辅导，及时地干预或转介，做到防患于未然。

二、大学生心理健康档案建设的现状

（一）重诊治轻发展

目前大多数高等院校都存在重诊治、重障碍咨询、重事后处理，而轻心理预警、轻发展咨询的问题。在新生入学的第一学期，借由心理普查时进行资料的收集和心理健康档案的建立，但目的是筛选出部分有问题的学生，而对于大部分心理状态良好的学生，是缺乏后续跟踪记录的。这说明许多高校对于建立大学生心理健康档案的目的性都缺乏正确的认识，他们并未意识到建立心理健康档案是为大学生的健康成长进行服务的，是服务于全体大学生而不是少数问题学生，是帮助大学生不断提高自我认知、开发潜能，培养健全的人格和良好的个性心理特征，而不只是为了发现少数有心理问题的学生。

（二）知情同意权缺失

在心理健康档案的建立和管理过程当中，大部分高校都是强制安排了心理普查，建立了心理档案资料，并未提前解释或告知学生有关心理普查的相关内容及心理档案建立的意义，更未获得学生本人的认可。因此会导致大学生对心理健康档案管理的保密性原则缺乏了解和信任，担心档案的建立会影响到学校和教师对自己的评价，甚至担心自己隐私资料的泄露，从而产生抵触心理，或在普查的测试中，不能诚实地作答，存在掩饰现象，导致测试结果为无效问卷，缺乏参考价值。

（三）缺乏系统性

大学生心理健康档案的来源相对比较复杂，从结构上来看，既应有新生入学时的资料情况，也应有在校期间的相关动态信息；既要有心理普查时的相关数据信息，也要有心理老师、辅导员、任课老师、朋辈的描述性记录，以及学生对自我心理状态的评价、对未来的期望等。然而目前对这些材料的系统化收集做得还不够全面。另外，在心理普查进行资料建当的过程中，难以做到100%全员参与和100%的有效问卷，因此会造成部分学生心理健康档案的空白与缺失。

（四）缺乏动态性

大学生的心理发展是一个动态的过程，是随着大学生的身心发展而不断变化的，因此很有必要定期进行心理测试及后续的跟踪研究，不断丰富、更新心理健康档案，为大学生的心理成长轨迹提供资料和数据支撑。而当前高校在心理健康档案的动态更新上存在着严重不足，更新速度慢，资料搜集简单，缺乏完整性，不能及时发现大学生心理状态上的变化。

三、大学生心理健康档案的建设和管理措施

（一）端正对大学生心理健康档案建立和使用目的的认识，促进其心理健康发展

普通高等院校大学生心理健康教育工作的主要任务是："根据大学生的心理特点，有针对性地讲授心理健康知识，开展辅导或咨询活动，帮助大学生树立心理健康意识，优化大学生的心理品质，增强大学生的心理调适能力和社会生活适应能力，预防和缓解心理问题。帮助他们处理好环境适应、自我管理、学习成才、人际交往、交友恋爱、求职择业、人格发展和情绪调节等方面的困惑，提高健康水平，促进智德体美等方面全面发展。"建立健全大学生心理健康档案，能让我们方便快捷地了解大学生的个性特征和成长状况，进行有针对性的教育和辅导，同时能够帮助大学生正确地认识自己、积极调适并发展自我，形成良好的个性心理品质，促进大学生身心全面发展。

（二）关注大学生主体的个人诉求，保障知情同意权

在心理健康档案建立和管理的过程当中，应该尽量保障大学生的知情同意权。第一，学校需告知大学生心理健康普查及心理健康档案建立的目的和意义。第二，大学生对自己的心理健康档案的内容具有知情权，在本人知情并同意的情况下，进行系统的测试和资料的填写。第三，对大学生的相关资料信息务必严格遵循保密原则，这样才能够取得学生的信任。

（三）规范心理健康档案的内容，拓宽资料的搜集渠道

心理健康档案应该包含两方面的内容：一是学生的基本资料，由历史资料和现状资料

构成，主要包括个人基本情况、身体健康情况、家庭生活情况、学校学习情况、个人日常行为表现以及对个人生活有影响的重大社会生活事件等；二是有关学生心理状况的资料，主要包括相关心理测验结果、个别咨询记录等。同时，在收集心理档案资料时应将将量化资料与非量化资料相结合，并应结合多种研究方法，例如调查法、测验法、观察法、作品分析法、个案研究法和实验法等。

（四）加强心理教师与班主任、辅导员、学生干部、学生家长之间的沟通与协作，定期更新与完善心理健康档案

仅靠心理教师的力量去建立全面的大学生心理健康档案，显然是不行的，除此之外，还需要班主任、辅导员、学生干部、学生家长之间加强沟通、交流与合作，各任课老师和行政、后勤部门的配合，方便心理教师开展心理普查、收集资料、约谈学生等工作，并有责任在必要时为其提供帮助，以使其不断完善心理档案的内容，实现定期更新资料、动态跟踪的目标，让心理健康档案充分发挥其效用。

第五章　高职大学生心理健康教育方法研究

第一节　构建心理危机干预系统

高校大学生的心理危机，不仅给大学生带来严重的影响，而且对整个高校的校园氛围也会带来负面影响。因此，构建高校大学生心理危机干预系统具有重要的意义。高校大学生心理危机干预系统包括了大学生心理危机预防教育系统、心理危机预警系统、心理危机应对系统和心理危机的后期援助系统。通过全校师生和各部门的共同努力，使各系统充分发挥应用的作用，能有效减低危机的发生率和不良影响。

随着社会经济的快速发展，高校大学生们日益褪去了天之骄子的优越感，逐渐体会到了未来步入社会的各种压力，心理危机现象屡屡出现。高校大学生的心理危机，不仅影响他们的学习效率、能力培养及人格完善，甚至有可能导致心理问题、神经症、精神疾病或者自杀的严重后果。因此，构建高校心理危机干预系统，对于预防高校大学生心理危机的出现、对危机事件进行有效应对、减少危机带来的负面影响具有现实意义。

一、高校心理危机干预内涵

危机主要是指严重威胁组织或个人的自身利益和正常发展状态，并可能带来不良后果的不确定情境。当高校大学生遇到一些对他们来说较为严重的生活事件，且他们找不到解决问题的方法时，就会出现心理上的失衡状态，即为心理危机。高校大学生的心理危机现象具有普遍性和危害性，一旦发生不仅会影响大学生正常的学习和生活，还会影响到整个高校的校园氛围。因此，对高校大学生进行心理危机干预对于维系校园的和谐稳定、保证大学生的心理状态尤为重要。早期的危机干预指的是一种短期的帮助过程，目的是随时对那些经历个人危机、处于困境或遭受挫折和将要发生危险（如自杀）的人提供支持与帮助，使之恢复心理平衡。而近些年的研究越来越重视对危机的预防、预警、应对及善后的整体干预。对于高校来说，及时预防大学生心理危机、对心理危机进行预警、有效应对并妥善处理危机带来的各种影响，构建高校心理危机干预系统，是目前高校工作的重要内容之一。

二、高校心理危机干预系统的构建

（一）高校心理危机预防教育系统

高校心理危机的预防教育是指高校在日常的教学、社团等活动中，不仅要注重学生学习能力和专业技能的提升，还要注重培养学生调控情绪的能力和坚强的意志品质，以及对生命的珍爱和对死亡的敬畏，进而使学生形成良好的、适应社会的人格特征及个性品质，防止危机事件的发生。①积极开展大学生心理健康教育课程及专题讲座，普及心理学和心理健康知识，使学生了解自己、接纳自己、喜爱自己、相信自己，形成良好的心理状态，并掌握调整自己情绪状态和行为的基本方法与技巧。②通过开展个体和团体心理辅导、开通心理援助热线、朋辈心理咨询等途径，使大学生在遇到自己处理不了的心理问题时，主动寻求心理咨询师的帮助，及时调整心态。③学校要开展生命教育，树立全校师生正确的生死观。生命教育是以教育手段，倡导认识生命、珍惜生命、尊重生命、爱护生命、享受生命、超越生命的一种提升生命质量、获得生命价值的教育活动。学校不仅要对学生，更要对全体教师进行生命教育，使全校形成尊重生命的校园氛围，减少危机事件。

（二）高校心理危机预警系统

高校心理危机预警系统是通过多种方式及时发现潜在的心理危机事件，评估有可能产生心理危机的个体或群体，并逐层进行预警通报，以使相关机构和个人能够提前采取相应措施，减少或防止心理危机。①学生工作处、大学生心理健康教育中心等机构应每年对大学生进行心理健康状况的筛查，及时发现心理健康状况不良的学生及有可能发生心理危机的潜在人员，必要时对其进行心理约谈和心理咨询。②各班级的心理委员、各宿舍的寝室长要注意对学生日常心理状态的观察，发现问题及时上报。③各班级辅导员、班主任及各科任教师，应掌握心理健康相关知识，在教学和日常生活中，不仅要传授学生专业知识，更要善于观察和发现学生心理健康状况，如发现问题学生及时上报。④保证心理危机逐级通报系统的开放性和反应快速性，根据上报情况，学生工作处及时组织相关人员通过谈心、咨询、生活帮助等多种手段，对潜在心理危机人员进行及时、有效的干预，避免心理危机事件的发生。

（三）高校心理危机应对系统

高校心理危机应对系统是在心理危机发生之时，学校各部门协同合作，在第一时间内对心理危机事件进行紧急干预和处理，以减少或降低心理危机事件带来的不良后果。高校心理危机应对系统，是整个心理危机干预系统最关键的部分。①学校应有完善的心理危机应对预案。当危机事件发生时，立即启用并实施这一预案，明确学校心理危机干预应对策略、各部门职责及分工、心理危机干预流程等，使各部门能在最短的时间内进入备战状态。②心理干预应对领导小组立即就位，心理危机专业应对人士火速到位。按照应急预案的流程及具体的事件发生情况，各部门、各相关人员做出最快速的反应，协同合作，处理危机事件。③建立高校与医院、公安部门、家属的协同作业机制，在严重心理危机事件，特别是生命危机事件发生时，充分利用家属的安抚作用、谈判专家的专业能力缓解危机，必要时将学生送入医院进行紧急救治，以确保危机事件的妥善解决。

（四）高校心理危机的后期援助系统

高校学生危机干预随着学生危机事件的结束而完结，但这并不意味着整个危机干预的终结。高校还应进行心理危机事件的后期修复，以减少危机事件给学校带来的影响。高校心理危机的后期援助是指学校在对危机事件应对之后，对危机事件影响到的个人、班级、部门进行心理疏导，必要时进行心理干预，确保将危机事件的后期影响降到最低，并避免再次发生危机事件。由学校相关部门对本校发生的心理危机事件进行恰当的舆论引导，避免学生因不完全了解情况而进行私下的讨论、猜测和宣传，给危机事件的学生和整个学校带来二次伤害。对危机事件发生的宿舍或班级进行团体心理疏导，帮助他们调节危机事件带来的负面心理影响，尽快恢复心理健康状态，以投入到正常的学习和生活中。要对危机事件的直接受影响者和因危机事件造成较严重心理冲突的师生主动提供心理干预，必要时进行强迫性的心理治疗，将危机事件的影响降到最低。学校相关部门要对危机事件的处理状况进行评估，总结经验，吸取教训，及时完善应对预案及应对机制，使未来的应对更有效。

高校心理危机干预系统包括了心理危机的预防系统、预警系统、应对系统和后期援助系统，它并不是一个人或者一个部门的工作，而是一个系统工程，它需要全校师生、学校各部门以及社会的共同参与。高校危机干预系统的构建，对于减少心理危机，降低危机事件的负面影响具有重要的意义。

第二节　构建测评系统

大学生这个群体从进入大学校园开始，随着教育模式的改变，教学方法有了很大的不同，使得学生在适应大学生活的过程中存在心理转换的困难。加强大学生心理健康教育，解决大学生心理健康问题是当前国内外大学面临的一个崭新的课题。尤其是作为高等院校，我们该如何充分利用资源优势有效地开展全校学生的心理健康教育，提高大学生的心理素质和自我保健意识，更是一个非常值得探索、研究的课题。

我国高等教育的基本目标是培养多元化、高素质、高技能、高适应力的社会人才，综合素质的培养非常重要。一个合格的大学不仅拥有过硬的专业素质还要拥有一个较高的心理素质和专业技能，但是在传统的教育模式中，高等院校对专业知识的学习和技能的培养做出了巨大的努力，却没有进一步完善心理健康教育工作，使得培养出的人才虽然拥有了适应社会的知识，却没有适应社会的能力。近几年频繁出现的大学生犯罪事件也引起了相关部门的重视，加强大学生心理健康教育已经到了刻不容缓的地步，为了使大学生更好地获得社会认可，各高校认真研究，加强大学生心理健康教育工作。

一、心理学研究方法

心理学可以说是很多学科的渗透和交叉，不能笼统地归类到自然科学或社会科学中来，它的发展也是在很多个学科间相互渗透的，因此在应用心理学原理来进行大学生心理健康教育中也要运用的社会科学和自然科学研究的基本思想和方法。心理学和高等数学、计算机科学、哲学、人类学、社会学以及逻辑学等学科的交叉渗透，促进了自然科学和人文科学教育的有机结合，使学生能较好地掌握科学的思维方法，在专业学习和工作方面开阔眼界，开拓思路，同时这些学科的研究方法也贯彻到心理学研究的方式方法中来。

由于心理学研究方法在科学研究中有着独特的分析问题和解决问题的视角，常常可以提供揭示现象的理论框架，因而它对综合性大学中其他学科学生的专业基础科学训练，有着非常重要的意义。

二、大学生心理测评的方法

大学生心理测评的方法包括有很多方面，从多角度多方位全面反映问题，这样才能全面地反映出一个学生存在的心理问题，最主要测评方法包括以下几个方面：

（一）调查问卷

调查问卷简称笔试，即要求被试人员根据调查问卷列出项目的内容，把答案标注在调查问卷上，以此来了解被调查人员心理活动的一种方法。

（二）量表衡量法

量表（scale）是一种比纸笔测验更严格的测量工具，它们可以看作一把"尺子"，用这把尺子对被测试人员的属性进行测量，一般的心理测验都由一个或几个量表组成，根据量表来检测被测试人员的性格、爱好、潜意识等心理活动。量表的建构程序更严格，客观化的程度更高，往往有常模可以参照。

（三）透射测验

在心理测试的过程中，有一些隐蔽的心理活动不容易被察觉何衡量。这时就需要使用透射的测量方法。所谓透射法，就是让被测试人员通过一定的媒介，建立自己的想象世界，在无拘束的情景中，不自觉地表露出其个性特征等隐蔽心理的研究方法。利用这种测试方法可以了解被测试人员内心的一些隐蔽的心理问题，用以进行心理疏导。

（四）仪器测量法

这是指通过科学的仪器对被试进行测试，以了解被试心理活动的一种科学方法。随着科学技术的发展，测量心理活动的仪器越来越多，如多导仪、测谎仪等，这些仪器在测量人的兴趣、动机、技能等方面起到了举足轻重的作用。

三、当今大学生存在的心理问题

大学时期是大学生生理、心理和思想意识正处于逐步成熟的阶段，也是从学生的角色到社会角色转变最关键的一个阶段，相比较而言，该阶段大学生更容易产生思想上的困惑，甚至出现心理问题。大学生心理健康问题表现是多样化的，这里我们从适应大学生活、日常人际交往、神经症问题等几个方面作出一些探讨：

（一）大学生活的适应问题

进入大学后，大学生的生活环境、学习方式、人际关系、个人角色等都发生了重大变化，从高中的应试教育中转变的自主学习的环境中来，从家长跟踪式生活方式转换到自主管理的生活方式，这就要求个体能够在较短的时期内在上述方面作出相应的调整、改变，以适应环境的变化。如果这一问题得不到及时解决，还会带来其他心理问题，影响大学期间乃至今后的学习与生活。

（二）人际交往问题

大学生人际交往是指大学生之间以及大学生与其他人之间沟通信息、交流思想、表达情感、协调行为的互动过程。一旦发生人际交往障碍会引发一系列不良情绪，性格上会内向、自闭，甚至偏激。甚至出现大学生犯罪等恶性问题。往往大学犯罪中的主体大部分都是人际交往出现问题，产生心理疾病，做出一些偏激的行为，而影响了自己和别人一生的道路。

（三）神经症

神经症不是某种特定的疾病类型，而是由于大脑功能紊乱而引起的一组精神障碍的总称。它包括抑郁性神经症、焦虑性神经症、强迫性神经症、疑病性神经症、恐怖性神经症、癔症性神经症、神经衰弱等。有些大学生出现神经症以后如果及时得到心理疏导，找到产生这些问题的根源，将可以避免产生悲剧。

四、解决大学生心理健康问题的方法研究

针对大学生出现的一系列问题，如何解决大学生的心理问题非常重要，如果没有健全的心理健康教育体系，很可能使得一些需要帮助的学生不能够及时得到救助，而产生了影响学生本人，甚至是威胁到学生前途的很多问题，因此我们在大学生心理健康教育方法的研究方面做出以下几个方面：

（一）把心理教育课程纳入教学计划，有针对性地加强新生心理健康教育

心理健康课程不仅要开设，还要在新生入学的第一学期开设，并且有针对性地在新生阶段加大课时量，对学生进行系统教育，使理论与实践相结合，提高方法的可操作性，引

导新生做好自我教育和调节。从而使新生可以快速适应大学生活，解决大学生的适应问题。

（二）丰富校园文化生活，加强学校环境建设

大学是知识密集、人才集中的地方，它特有的精神环境和文化氛围本身是一种潜在的教育力量，可以使大学生在日常生活和潜移默化中接受教育，对大学新生心理问题的解决极有益处。

（三）培养新生良好的网络行为，加强网络心理教育

通过网络进行大学新生心理健康的咨询和教育是一种非常理想的方式。网络是当代大学生非常喜欢的一种交流形式，学校在网站上开设一个大学生心理健康教育和咨询的栏目，经常刊登一些心理健康教育方面的知识，对新生是非常有益的。由专业的心理咨询教师为部分问题学生解决心理健康问题的同时，发的帖子其他同学也可以看到，起到一定的参照作用，并且利于传播和转载。

（四）建立心理健康预警干预机制

学校除要加强大学新生的心理辅导与教育等长远举措外，还应建立预警干预机制。预警机制是通过家庭、学校、社会各方形成合力来预防大学新生心理危机，其作用是及时发现和识别潜在的和现实的危机，以便采取措施，减少危机发生的突发性和意外性。

心理教育应当与时俱进，不断根据大学生存在的新的心理健康问题进行研究，提出合理的解决方案；应当不断改进教育的方法，使教育和治疗更有成效；应当通过各种媒体和平台，特别是网络，不断提高教育的广度和深度。最后让我们以对祖国高度的责任感，全身心投入到大学新生心理健康问题的对策研究中去，切实提出行之有效的措施，为社会主义建设者和接班人的健康成长而努力奋斗。

第三节　进行亲和力心理学实验

在心理学理论中，"亲和力"是指人与人相处时所表现的亲近行为的动力水平和能力。如果能使学生"亲其师，信其道，践其行"，教育就能取得比较理想的效果。因此，无论是教育者、教育内容还是教育制度，都不能忽视教育"亲和力"的作用，要让学生愿意接近，乐于学习，习于行动。

一、心理学关于"亲和力"的三大理论

马斯洛的人本主义心理学理论、罗杰斯的人格主义心理学理论以及梅奥的人际关系心理学理论都涉及教育"亲和力"的相关理论与方法。

（一）马斯洛关于"亲和力"的理论与方法

马斯洛的人本主义心理学对人类的基本需要进行了分类研究，他把人的各种需要从低级到高级依次划分，为生理需要、安全需要、归属与爱的需要、尊重的需要和自我实现的需要，并认为只有在低层次的需要得到满足之后，才能产生高层次的心理需要。

马斯洛需要层次理论批判传统的被动式教学，倡导新的教育理念和方法。其有助于实施教育"亲和力"的相关方法有：增强激发学生自我实现的潜能。教育应该注意学生自发性、自律性和创造性三方面的协同发展，每个人在出色地完成任务后都渴望别人给他们以相应的承认和赞扬。提高学生自我学习的潜能。学习的目的是让学生更加客观、全面地认知自己、认知自己所生存的世界。当整个教育过程发挥良好的作用时，学生就会发现越来越多的关于自己、他人以及整个世界的真理，他能从外部世界看到越来越多的统一，并且自身也变得越来越统一，使学习成为一种自觉的渴望与追求。升华学生爱己和爱社会的潜能。教师与学生间融洽的个人关系是成功教育的关键。马斯洛认为，师生关系应该是愉快的合作关系，当学生得到了应有的爱和尊重时，他就会懂得如何看待自己爱自己，如何接受他人爱他人，如何适应社会爱社会。

二、罗杰斯关于"亲和力"的理论与方法

罗杰斯人格主义心理学理论的核心是需要他人"无条件积极尊重"的心理学理论。罗杰斯让人领悟自己的本性，依靠机体估价过程来处理经验，让人自由表达自己的思想和感情，修复被破坏的自我实现潜力，促进个性的健康发展。

罗杰斯"以人为中心"的人格主义心理学倡导"以学生为中心"的非指导性教育理念和方法促进教育"亲和力"的实现。教师做学生潜能发挥的促进者。罗杰斯认为，人生来就具有发展的巨大潜能，只要具备合适的条件，每个人所具备的学习、发现、丰富知识与经验的潜能和愿望是能够释放出来的。根据他的非指导性教学理论，教师在感情和思想上与学生产生共鸣，就可能收到理想的教育效果。培养在变化中掌握学习能力的人。罗杰斯鉴于世界处于迅速变化、充满矛盾、危机四伏的时代，主张教育目标是培养能够适应变化和知道如何学习的人。罗杰斯认为，教师的任务是为学生提供各种学习资源和促进学习氛围的形成，让学生自己决定如何学习。强调建立和谐的师生关系。罗杰斯强调要尊重学生独特的个体，而不是把学生当做一个被动的接受者。他强调学生的需要、兴趣、情感和价值，强调师生之间的和谐关系。在罗杰斯看来，良好的师生关系应具备的三个基本条件是：真实、接受和理解。

三、梅奥关于"亲和力"的理论与方法

梅奥人际关系心理学的三个基本观点是：与人合作的能力是现代人第一能力，也称基本能力；对管理者来说，做人就是做关系。关系是管理者最重要的资源和生产力；理解和

尊重是与他人打交道、增强"亲和力"最为关键的内容。

梅奥通过在美国西方电器公司霍桑工厂长达 9 年的实验研究得出结论：工作中良好的人际关系导致劳动生产率的提高，影响生产效率的根本因素不是工作条件，而是工人自身。由此梅奥提出他的企业人际关系的心理学方法。企业员工是"社会人"而非"经济人"。对于社会人来说，重要的是人与人之间的合作，而不是人们在无组织的人群中为利益的互相竞争。让员工直接参与管理，可以满足企业员工情感归宿、安全信任、礼仪社交等精神方面的需要，激发人们的"主人翁责任感和愉快工作的热情"。企业非正式组织的重要性。企业员工是由于受到他们所属团体共同感情的激励而采取社会性行为的。非正式组织恰恰能够满足人的以"生存安全、人格自由、价值归属"为核心的精神性需要与目标。重视企业内部人际关系的不断调整，就能获得惊人的效果，达到提高劳动生产率的目标。管理者要重视企业员工的满意度。新的领导力体现在提高企业员工的满意度，职工的满意度越高，士气越高，生产效率也就越高。高的满意度来源于职工个人物质和精神需求的有效满足，尤其是"受注意"引起的效应。梅奥的人际关系理论可以有效地应用于教育领域。

二、提高教育"亲和力"的方法与途径

建立良好的师生关系，强化教育"亲和力"的作用，需要教师能够倾听学生的心声，只有这样，才能对学生的行为做出准确判断，分清思想问题与心理问题，进而采用相应的教育手段进行干预和引导。

（一）教师要尊重学生，接受学生的本来自我

和谐的师生关系是增强教育"亲和力"的基础。按照罗杰斯的人格心理学理论，建立和谐师生关系的原则就是尊重、真实和接受。教师要尊重学生。尊重学生就是尊重学生的人格，充分认识到他们的独立性；就是尊重学生的创新意识、创新思维，不要打击、挖苦学生的一些新奇想法，帮其分析其中的可行性，助其有效实施。教师要信任学生。如果信任学生，学生的表现就会是值得教师信任的。当教师认为每个学生都是值得信任的，放手让他们去做一些事情，就会发现学生拥有很大的潜力。教师要接受学生。任何事物都有两面性，要允许学生有缺点、犯错误。增强教育"亲和力"的目的就是使学生更加成熟、更加完善，而不是完美无缺。

（二）激发学生的自我意识，促进个人潜能充分发挥

自我意识是对自己心理倾向、个性心理特征和心理过程的认知与评价。自我意识首先是人类认知外界客观事物的先决条件。自我意识还是人类个体自觉性、自控力的前提，注重学生自我教育对增强教育"亲和力"具有促进作用。

在学习过程中，学生自我意识、自我监督、自我调节的元认知实质上是一种反馈活动，它对个体的学习提高有着重要的意义。具体可以采用以下方法来激发学生的自我意识：训练学生知道自己是谁。全面而正确的自我认知是培养学生健全自我意识的基础。自我认知

具有自我与他人的认知与评价两条途径。对自我的认知与评价可以通过"二十个我是谁"以及自我分析报告，引导学生关注剖析自己。即团体成员在 5 至 6 人的小组内交流，让他们进一步了解别人是怎么看待自己的，通过"人际关系中的自我"活动促进自己学生更加全面地认识自我。最后教师请每个小组代表发言，交流活动的感受。培养学生明白我就是我。学生只有在正确自我认知的基础上，正确地悦纳自我，才能达到有效的自我控制。接纳自己，体会自我的独特性，在此基础上让学生体验价值感、幸福感与满足感，教师引导学生理智与客观地对待自己的长处与不足，冷静地看待得与失，帮助学生发现自己的闪光点并积累这些闪光点以蓄势待发。引导学生关注自我的成长。学生的发展需要不断的自我反思、自我监控和调节。可以用"生命线"游戏帮助学生整理成长的轨迹。即组成小组先自行填写，10 分钟后大家一起分享交流。画一条线代表你的生命线，起点是你出生时刻，终点是预测死亡的年龄。根据健康状况、家族健康状况和所在区域的平均寿命，提出你预测的死亡年龄。在线上找到你现在的位置，提出你过去日子里最难忘的三件事以及今后最想达到的三个目标，时间约 60 分钟。要让学生明白：自我体验永远是个体的，在分享他人自我成长的硕果时，也促进了个体自己的成长。

（三）创设良好的学校氛围，促进学生人格充分发展

人格是一个人独特的、相对稳定的行为模式。人格是由每个人所具有的才智、态度、价值观、感情和习惯以独特的方式结合的产物。教育"亲和力"在鼓励独特人格特征发展的同时，将个体内化融合到社会与集体当中，强化教育的效果。

按照马斯洛和罗杰斯的理论，自我想象和自我评价标准的形成对人格的发展具有重要意义。要使学生达到自我实现的愿望，自我要求、努力、与他人融洽相处是决定性因素。创设一种良好的校园氛围，对学生人格逐步走向稳定和充分发展也非常重要。教育"亲和力"的增强可以采取如下措施：制订相对完善的日常行为规范，包括学生行、坐、卧的日常行为举止和言谈的把握程度。良好的日常习惯是形成良好道德的基础。可通过讲座、课堂讲授等方式传授学生基本的礼仪知识，使学生形成改变自己的愿望，对自己负责，学会检查自己的动机，诚实接受现实，运用成功经验，以"与众不同"的心理融入集体和社会。注意教育者的身教作用。学生往往把教师树为样板和标准，教师的一言一行都在无形中影响和感染着学生。因此，教师的身教更重于言传，要在日常的工作生活中以良好的自我修养教育学生、引导学生，以起到润物细无声的作用。采用启发式的教育方法。启发式的教学方法可以激发学生的探究热情和思考习惯，使学生建立良性的人格。要让学生主动地学，即以"学生为中心"让他们自己体会学习的乐趣，使学生在自我意识的状态下培养良好的人格特征。

第四节 进行专题调查

中科院心理研究所调查报告显示，我国城市居民整体心理健康总体状况较好，但是约 20% 被调查者存在心理健康方面问题。另外有学者研究显示，18 ～ 30 岁年龄群体心理健康状况多表现为低谷，且青少年受测群体多项心理健康指标明显下降，严重影响正常生活及学习，因此加强高校学生心理健康调查具有重要价值。本研究主要对我省某高校 2014—2015 级大学生心理健康状况进行调查，从而提出针对性的应对措施，现将研究结果整理如下。

一、资料与方法

（一）调查对象

选取我省某高校 2014—2015 级 765 名大学生展开研究，其中男 408 例，女 357 例，平均年龄为（23.6±0.6）岁；专业：医科 175 例，护理 68 例，理科 177 例，文科 345 例。

（二）方法

所有研究对象均采用症状自评量表（SCL-90）进行心理健康状况评分，采用"1 ～ 5"级评分法，包括抑郁、敌对、恐怖、偏执等 10 个维度，其中任一因子得分 ≥ 3 分即可判定存在心理健康问题，同时与全国常模作对照研究。

另采用自制调查表对影响心理健康的危险因素进行归纳，分为一般资料（性别、年龄、个性等）、家庭情况（父母感情、家庭结构等）及在校情况（人际关系、恋爱情况等）3 个部分，并进行多因素分析。

（三）统计学方法

采用 SPSS17.0 软件进行数据统计，计量资料以（ $\pm s$ ）表示，采用 t 检验，多因素采用 logistic 分析，$P < 0.05$，差异有统计学意义。

二、结果

（一）SCL-90 评分

大学生躯体化、强迫症状、人际敏感、抑郁、焦虑、敌对、恐怖、偏执、精神病性评分分别为（1.6±0.7）分、（1.9±0.8）分、（1.6±0.6）分、（1.5±0.7）分、（2.0±0.5）分、（1.6±0.6）分、（1.5±0.6）分、（1.8±0.6）分、（1.7±0.6）分，全国常模则分别为（1.2±0.3）分、（1.6±0.5）分、（1.6±0.5）分、（1.5±0.6）分、（1.4±0.4）分、（1.3±0.5）分、（1.3±0.4）分、（1.5±0.4）分、（1.3±0.4）分。经 SCL-90 量表评估结果显示，大学生躯体化、强迫症状、

焦虑、敌对、恐怖、偏执、精神病性评分均明显高于全国常模，数据对比差异有统计学意义（t=14.107、8.578、25.371、10.407、7.488、11.232、14.976；P ＜ 0.05）。

（三）影响因素 logistic 分析

通过问卷调查，共筛选出 15 种影响心理健康的相关因素，经多因素 logistic 分析，最终进入模型的因素如下：N 型个性、恋爱情况、独生子女、人际关系、心理测评（B=1.257、0.129、0.331、0.347、0.285；OR=3.584、1.137、1.394、1.427、1.354）。

三、讨论

调查结果显示，大学生躯体化、强迫症状、焦虑、敌对、恐怖、偏执、精神病性评分均于全国常模（P ＜ 0.05），说明我省大学生心理健康水平相对全国而言较低。此外经多因素 logistic 分析，认为上述问题主要与 N 型个性、恋爱情况、独生子女、人际关系、心理测评存在相关性。相对其他性格而言，N 型个性群体感情较为冷淡，容易不合群或者产生"孤独"等不良情绪，长期自闭的心理会加重心理负担。恋爱是大学中最为普遍的现象，调查显示，每年因为失恋进行心理咨询的学生高达 20% 左右，可见恋爱也是导致大学生出现心理问题的重要原因之一。在家庭因素方面，父母是子女的第一任老师，其对待学生的态度及教育方式、成员之间的关系均会直接影响学生的心理健康，其中家庭关系紧张以及言语过激会导致学生心理承受较差、缺乏自信，而家长过度保护则会让子女形成依赖、胆怯等不良心理倾向。尤其当前多数学生是独生子女，在家长溺爱状态下导致其心理素质极差，进入大学后常常遇到诸多问题难以解决，由于现实及理想之间存在较大反差导致心理失衡。人际关系是一种普通的生活现象，但是其中包含着深刻的心理学意义，大学生在面对学业压力、生活琐事的同时还要协调各方面的人际关系，部分学生往往感觉不适应，久而久之则会严重影响学生的心理健康。此外心理测评也与学生的心理健康息息相关，主要与其测量方法、测量标准存在差异相关。

再加之网络技术的快速发展，给学生的价值观、人生观及世界观带来了极大的负面影响，因此大学生心理失衡、生活迷茫等心理健康问题愈加突出，鉴于此，教育工作者要加强原因分析，有针对性地采取措施进行防范。具体如下：（1）设置专门课堂及教学内容，加强学生心理健康教育，也可采用校园专栏、校园广播等形式强化宣教效果；同时成立心理健康咨询室，每月定期组织心理咨询活动，邀请专业的心理医生或者心理学教师现场解答，加强学生对心理健康的重视。（2）有学者研究显示，文体活动对学生心理健康有着积极的促进作用，其可以促进学生认知、情感等非智力因素的发展以及个性品质的培养，因此学校中要大力开展丰富多彩的文体活动，注意激发学生的参与积极性，帮助学生陶冶情操、疏导情绪。（3）遵循新课改要求积极开发野外生活生存训练课程，通过野外活动、生活促使学生充分享受大自然，放松身心。另外攀岩、定向运动等形式在锻炼学生体能的同时，还可帮助学生发展毅力以及团结协作的精神，从而实现促进心理健康的目的。

综上所述，高校学校心理健康状况有待进一步改善，实践中要加强影响因素分析，有针对性地加以防范。

第六章 高职教育心理学在学生管理中的应用

第一节 学生管理概述

随着示范性高职院校在逐渐跨越式中不断发展转型和教育技术的不断发展深化，高职院校的学生管理概念也应更新和拓展，通过对催生学生管理概念拓展与更新的各类环境的分析，初步探索出现代化高职学生管理新概念的拓展内容，以期适应现代化进程中的学生管理工作不断发展的需求。

随着经济信息时代瞬息万变、日益更新，教育政策对职业教育的倾斜，使得中国梦时代的学生管理概念发生了相应的变化，只有根据院校发展的实际情况，不断满足各类学生在各个阶段的成长发展的需求，才能实现后示范性高职院校持续性的蓬勃发展，才能在2020年真正实现高职院校的现代化。

一、现行的高职学生管理概念

目前，学生管理概念主要采用的是一种综合的观念，比如我国学者吴志宏就指出："学生工作是指那些直接作用于学生，由专门的机构和人员从事的，有目的、有计划、有组织地发展、培养、提高学生政治、思想、品德、心理、性格素质和指导学生正确行为的教育、管理和服务工作。"

学生管理的发展总共经历了三个阶段，由"以思想政治教育为核心的学生工作阶段（1949—1977）到思想政治教育与学生事务管理并举的二元学生管理阶段（1977—1989）再到教育、管理、服务三位一体的学生管理阶段（1989年至今）"。在第三阶段，我国教育的产业化、大众化、素质教育、人的全面发展等促使学生管理概念发生了重大转变：思想政治教育的核心强调学生对社会主义核心价值体系的认同，教育方式上强调理论与实践一体化；学生管理更加强调人性化与法制化的纬度，以帮助家庭困难同学完成学业的资助体系为主的服务理念开始成为一项独立的职能，校园文化引领下的学生社团、心理健康指导等使得学生服务的理念不断完善。

高职学生管理的概念最初是从学生管理的概念发展而来的，随着高职教育的变化发展而不断贴近高职学生管理的实际需要。在高等职业教育模式为在办学方向、培养模式、办学机制上以就业为导向的今天学生管理的功能是集教育、管理、服务为一体化的模式。

经济的发展、信息的变革、高职教育政策的不断完善等一系列的变化，使得高职院校的学生类型、管理过程与内容、管理手段与方法、沟通过程与方式都随之发生了很大的变化，所以现行的高职学生管理的概念已经不能适应和满足教育信息技术时代下高职院校学生的发展需求，必须产生新的高职院校学生管理的概念，拓展其概念内涵与功能外延，以适应信息变革带来的社会发展要求。

二、催生学生管理概念拓展与更新的环境分析

高职教育相关政策方面，2010 年 9 月在杭州召开的全国高职改革与发展工作会就明确提出，下一步将发展既具有中国特色又具有国际竞争力的现代职业教育。在 2014 年 6 月召开的全国第三次职业教育工作会议上，习近平指出，要树立正确人才观，培育和践行社会主义核心价值观，着力提高人才培养质量；中共中央政治局委员、国务院副总理刘延东在会上讲话指出，要进一步突出职业教育战略地位，构建以就业为导向、体现终身教育理念、面向人人的现代职业教育体系。3 月 26 日，2014 年度职业教育与成人教育工作会议 25 日在北京召开，在鲁昕回答"现代职教体系应具有哪些特点？"这个问题时谈到"……开发中等职业学校专业设置管理系统，完善全国职业院校专业设置管理与公共信息服务平台"……建立以"文化素质＋职业技能"为主要内容的六条途径，为学生提供多样化入学机会，以确保让教育者受益。在国家"十一五"发展规划中，把"提高高等教育质量"作为我国教育发展的一个重要战略任务。

高职教育呈现的发展趋势主要有：理性发展、拓展功能、模式转型。在拓展功能方面，将出现由单一的职前学历教育逐步转向终身教育：学历与非学历培训结合，教育、培训以及为社会服务功能的不断强化；学生生源出现多元化特色，重新界定"学生"概念，超龄学生的数量将明显增多；学制适应职业多变的需要，整体上呈现高职教育终身化的特征。

在教育技术方面，由于信息技术时代的到来改变了教育者和教育对象的生存方式和生存状态，所以，国家教育部启动了以信息技术为手段进一步深化教学和人才培养模式的改革；随着互联网技术的快速发展和普及，在很大程度上，加快了高校信息化的进程，也推进了学生管理工作的发展，这就要求原有的学生管理模式向新型的学生管理模式转变。

在教育观念方面，以依据人的发展和社会发展的实际需要，以全面提高全体学生的基本素质为根本目的，以尊重学生个性，注重开发人的身心潜能，并注重形成人的健全个性为根本特征的素质教育已被教育界所关注和重视。所以，学生的道德素质、智力素质、身体素质、心理素质、审美素质、劳动技能素质等的培养与提高逐渐纳入学生管理工作者的主要工作之中。

在民主制度方面，《中共中央关于全面推进依法治国若干重大问题的决定》中提出，要进一步完善和发展基层民主制度，依法推进基层民主和行业自律，实行自我管理、自我

服务、自我教育、自我监督。那么，高职教育的对象只有在学校学习期间具备基层民主和行业自律意识，充分做到自我管理，并且同时能够通过现代教育技术手段应用传统学习、移动学习以及共享各种提高技能的学习资源进行自我教育工作，才能适应未来社会发展的职业生涯要求。

由此可见，在大的背景发生变化的情况下，高等职业教育发展的现代化、终身化、信息技术化、法治化要求高职院校学生管理也相应地朝现代化、终身化、信息技术化、法治化、全面化不断拓展与更新。

三、现代化高职学生管理新概念的拓展

职业教育的特定目标是满足社会经济发展的人才需求以及与之相关的就业需求，这就要求人才的培养与就业需求必须相协调，只有明确新时期经济社会发展的人才类型与特点、明确相关的就业需求态势、短板、就业技能的缺陷，才能在真正意义上实现职业教育的特定目标。而这些必须从研究、细化、确定职业教育目标实现的直接对象的范围开始分析研究。随着经济的发展、信息的变革、高职教育政策的不断完善等一系列的变化，使得高职院校的学生管理的对象、管理过程与内容、管理手段与方法、沟通过程与方式都随之发生了很大的变化。学生管理的对象不再是纯粹的全日制在校学生，还有通过单独招生方式录取的学生，及企业岗前员工、企业在岗人员，部分社会待业、失业人员。

从职业教育的特殊规律，即促进不同智力群体的个性发展以及与之相关的智力开发。其中，智力开发包括已开发的智力和未开发的智力，而且在很大程度上，未开发的智力的开发工作要求管理者不仅需要丰富的工作经验，还需要专业的、全面化、现代化的知识，这就要求从事学生管理工作的管理者明确新的岗位职责和岗位要求。所以，高职学生管理的概念、管理的内容和管理的功能就必须明确细化，清晰可见，层次分明。而且，学生管理的内容不再仅仅停留在按照相关制度规定对学生行为的约束上，而是还要运用激励政策对管理的对象进行智力、潜能的引导和开发。

综上所述，处于提升阶段的高等职业教育，其学生管理的概念可以拓展为：高职教育管理者通过传统行为约束手段和现代化的媒体手段，作用于各类高职学生，实现有计划、有组织的终身化教育、培训、管理、服务、开发人才的培养目标。

其主要内容有：（1）思想教育方面：思想政治教育法律教育培养，素质教育。（2）日常管理方面：学生日常安全管理；高职学生日常行为规范；与纪律管理；专业课外活动管理；学生军训管理；学生综合素质测评与评奖评优学生惩处；学生党建；学生社团管理；班主任及辅导员；学生学籍管理等。（3）服务方面：后勤服务；就业指导；校外实训服务；社会实践实训；学生资助、勤工俭学；学生助学贷款；大学生涯服务；新生环境适应教育；大学成长发展规划；学生医疗保险；火车优惠卡服务；心理健康测试与辅导；就业指导；职业生涯规划等。（4）培训方面：新生行为规范培训；学生干部培训与发展；恋爱安全培

训；就业合作单位实战培训；岗前安全培训；人际交往培训；时间管理培训等；（5）开发潜能方面：专业潜能；综合素质潜能；职业潜能；自然、人文社会科学潜能；自信心培养；学习方法；学生特长的培养与数据库建立；创业潜能等。

综上所述，学生管理的概念在不断发展的环境中也悄然发生变化，只有我们紧跟时代节奏，不断运用发展的眼光看待学生管理，此项工作才能在不断实现人性化管理、标准化管理的同时实现更高的目标。

第二节　心理健康教育

2018年中共教育部党组印发了《高等学校学生心理健康教育指导纲要》，对大学生心理健康教育的基本原则、主要任务、工作保障和组织实施提出明确要求。然而由于高校心理健康教育教学缺乏保障与支持，多部门责任协调困难以及心理健康教育工作者欠缺专业性等原因，高校心理健康教育在实施中仍然存在一些问题。为此，高校只有通过建设工作网络、完善课程体系和优化师资队伍等措施，才能提升心理育人质量，走出心理健康教育的困境。

2018年中共教育部党组印发了《高等学校学生心理健康教育指导纲要》(以下简称《指导纲要》)，进一步明确了大学生心理健康教育的具体目标，提出了大学生心理健康教育的四个基本原则，并在建设大学生心理健康在线课程、占领网络心理健康教育新阵地、建设心理健康教育师资队伍等方面做了突出强调。由于高校对大学生心理健康教育的投入不足、大学生群体心理发展的特殊性以及心理健康教育工作的复杂性，高校心理健康教育在具体实施中仍然存在一些问题，直接影响了大学生心理健康教育的效果。

一、高校心理健康教育实施中的问题分析

（一）课程体系：制度背后缺乏实施保障与专业支持

1.教学内容缺乏科学性

目前各高校开设的心理健康教育课程较为分散，各课程间教学内容重复，不具备完整的学科体系。此外，目前我国高校心理健康教育课程大多以传统心理学理论为课程基础，将教学重点放在"高校学生可能存在哪些心理问题"上，并将其作为心理健康教育课程的出发点，在实际课堂教学中以矫正和诊断心理问题为重点，忽视培养大学生的心理潜能及良好的心理品质。

2.教学模式缺乏多样性

大学生心理健康教育课程不同于其他课程，是集理论知识教学、体验活动、行为训练为一体的课程，课程应以学生自我体验与感悟为评价标准。然而目前高校心理健康教育课

程教学模式仍以教师课堂教学为主导，以讲授心理健康理论知识为核心，缺少探索系统性的实践活动及专业性的体验训练等教学形式，未能充分利用网络教学资源开设在线课程。

3. 教学人员缺乏专业性

目前各高校能够系统地讲授心理健康知识的专任教师数量较少，且教师的专业性不高。国内高校担任心理健康教育课程的教师多为心理学教师、思想政治教育教师及辅导员。前两种教师因其学术背景，更擅长讲授学科思想理论，导致学生了解相关心理健康理论却无法指导自身解决问题。辅导员学生工作经验丰富，课堂气氛相对活跃，课堂内容更加贴近学生学习生活实际。然而辅导员的心理健康教育课堂往往欠缺理论深度，解决问题容易导致隔靴搔痒。

（二）咨询干预：专注个案解决忽略教育起点

《指导纲要》对大学生心理健康教育的总体目标提出了明确要求，即大学生群体心理健康素质普遍提升。近几年高校越来越重视大学生心理健康教育的普及化，然而，由于高校学生心理健康问题而导致的极端事件频繁发生，高校心理健康教育在实施过程中依然将工作重心放在有心理问题或心理疾病的学生疏导及个案解决上，对学生群体的重视不够，偏离了心理健康教育的本源。

1. 学校层面责任集中，多部门协调困难

在实际工作中，学校层面一般将心理健康中心分至学生工作部门，学院层面大多将心理健康教育工作分至专职辅导员，两者皆隶属学工系统，因此学工部门成为大学生心理健康教育的主要负责部门。而学生工作部门往往将心理健康教育工作重点放在学生安全上，多以解决个别学生的心理问题及干预突发个案为主要抓手。高校心理健康教育无法整合多部门之力多渠道了解学生群体的心理健康情况及心理需求。

2. 心理健康教育工作者缺乏专业支持

各高校虽配备 2 人以上心理学专职人员的心理健康中心，但心理健康中心多忙于接收二级学院个案及各类行政事务，对于普通学生群体的心理健康状况调研不足，无法满足学生日常心理咨询的需求。在心理健康教育的实际工作中，专职人员对于心理咨询多为个案干预，缺乏追踪，对群体关注弱化，且大多数专职人员对于其他心理健康教育工作者的培训局限于个别引导。而心理学教学人员及辅导员由于缺乏实践及专业背景限制，无法把握学生群体的心理发展及心理需求，脱离了高校学生实际状况。

二、高校心理健康教育实施中的对策思考

2017 年中共教育部党组颁发了《高校思想政治工作质量提升工程实施纲要》，将心理育人列为高校"十大育人体系"之一；为进一步提升心理育人质量，2018 年中共教育部党组制定了《指导纲要》。心理育人概念的提出，意味着我国高校心理健康教育的最终目标将不再局限于心理教育，而是育人。当大学生心理健康教育立足于育人，内涵将更加丰

富，覆盖面将更加广泛，这要求高校从工作定位、实施方式到具体内容都要贯彻育人意识，加强顶层设计，站在育人的高度开展学生的心理健康教育工作。

（一）上下联动，建设心理育人工作网络

在"三全育人"的新形势下，心理育人工作需要找准抓手，上下联动，建设宏观（各级教育部门）、中观（学校）、微观（院系班级）各个层面一体化的育人工作体系。首先，各级教育工作部门作为领导机构，要切实加强对高校学生心理健康教育工作的统一领导和统筹规划，制定大学生心理健康教育工作的评价与督导指标体系，改变目前衡量心理健康教育工作的考核机制。其次，各高校应高度重视心理育人工作，加大人力（培养专业的心理健康教育队伍）、物力（加强心理咨询平台及硬件设施建设）、财力（心理健康教育专款专用）等各项投入，联合教学与宣传等校内部门，协同家庭、精神卫生专业机构等校外资源，全方位关注学生群体心理发展及需求。最后，院系班级作为三级网络的基础，应协同宣传部门做好心理健康普及及宣传工作，充分利用新媒体平台，建立院系级心理辅导站，重视班级建设及学生基层党团建设，加大学生干部及宿舍成员的相互影响，引导学生自我教育、自我成长。

（二）立足课堂，完善心理育人课程体系

课堂作为学生获取心理知识的主渠道，高校应加大教学投入，完善课程体系，使学生在心理健康教育的课堂教学中增强自我发现问题和解决问题的能力。在当今互联网发展迅速的时代背景下，心理健康教育教师应充分发挥自我优势，密切联系学生的生活实践和心理需求，构建心理健康知识的核心框架，形成知识体系。高校应致力于编写大学生心理健康示范性教材，并探索开发大学生心理健康在线课程，帮助学生在课堂教学中了解自我、悦纳自我。同时，高校应注重教学模式多样化，以线上线下、案例教学、体验活动、行为训练、心理情景剧等教学形式，建立"心理学理论介绍＋核心人格特质训练＋调动学生的自我教育与体验"的教育模式，将教学主体从教育者转变为受教育者，激发学生学习兴趣，帮助学生发现与体验积极的情感，将理论知识应用到自我探索与自我成长中。

（三）优化队伍，提升心理育人服务质量

高校的心理健康服务有别于专门机构的心理服务，以学生的教育发展为主，而不是临床的心理咨询和治疗。随着心理健康教育的发展和深入研究，高校的心理咨询已由最初的帮助少数有心理障碍的学生解决个案事件，逐渐发展为面向学生群体，关注学生心理全面发展的服务工作。由于心理健康知识教育效果日渐增强，很多高校学生对于心理咨询的理解已由被动来访发展为主动问询，通过咨询方式寻求心理引导，以达到自我调节的效果。因此，各高校必须加大投入，改革机制，建设一支专兼结合、素质良好的心理健康教育师资队伍。首先，高校应落实好心理健康教育工作者的职务（职称）评聘工作和待遇保障，充分调动全体教职工参与心理健康教育的主动性和积极性。其次，重视对半专业和非专业的心理健康服务者的培训。目前，各大高校除了设有专职人员的心理健康指导中心，其他

从事心理健康教育及服务的工作者基本为思想政治教育教师、心理系教育系教师以及辅导员等半专业和非专业的心理助人者。培训可以使直接接触学生的工作者（辅导员、院系心理辅导站人员）胜任学生群体的心理咨询工作，及时发现和处理学生群体心理发展的问题，促进学生的心理成长，并能够通过"初步判断"确定咨询学生为浅层有限的心理困扰，还是需要转介校心理健康中心接收正规心理咨询，或转介精神卫生组织进行心理治疗或药物治疗。只有重视半专业及非专业心理健康服务者的工作，让他们成为心理育人的中坚力量，才能扩大心理健康教育的覆盖面，充分关注到学生的个体差异，分层分类地开展心理服务工作。通过辅导员等心理服务者一线调研及心理咨询服务，建立重点关注学生档案，加强预防干预，建立学校、院系、班级、宿舍"四级"预警防控体系。最后，高校要推动心理健康教育师资队伍定期开展心理健康教育基础理论研究，结合理论知识及工作经验，逐步形成科研成果，并促进研究成果转化及应用，推广适合中国高校学生心理发展过程中的心理三预技术和方法。

三、高校心理健康教育工作中存在的冲突

多样的形式、多方的主体让工作的衔接成了心理健康教育能否有效开展的关键问题。而在衔接的过程中，存在工作准则的冲突，当中较为突出的是关于保密性及关于导向性的冲突。

（一）关于保密性的冲突

关于保密性的冲突主要体现在对学生信息进行保密还是共享的抉择中。

学生的心理状况带有隐秘性。一方面，学生的心理信息是内隐的。在学生本人进行掩盖或不主动表达的情况下，其心理状况特别是深层次心理状况难以被他人获知；另一方面，学生对于自身心理状况具有保密的意识及需求，即学生可能不希望他人获知自己的心理信息。而在心理健康教育工作中，基于安全的氛围及对教师的信任，这一隐秘性有一定的突破，即学生会不同程度地表达出其内隐的心理信号。这些信号是心理工作的重要资源，而参与工作的教师就成了学生自身以外更全面获知其心理信息的人员。

鉴于学生的保密需求，为维持学生的信任关系，教师应工作主体应对其所分享的信息进行保密。但与此同时，学生家长、学校又具有知情需求。例如家长出于对孩子的关爱，希望知道孩子的心理状况、孩子心理困惑，甚至想知晓孩子不愿与家长诉说的内容。学校为做好学生的管理工作，也需要掌握学生的心理动态，并希望通过数据的共享调动班主任、辅导员等力量共同开展学生工作。在这过程中，不同的角色围绕学生的心理信息产生了冲突。教师应该维护学生的利益坚持工作的保密性，还是站在家长、学校的立场共享学生心理信息，这成为心理健康教育工作者的抉择考验。

（二）关于导向性的冲突

高职学生正值世界观、人生观、价值观的形成、人格的塑造、自我意识的发展等的重

要时期，结合进入大学后生活环境、学习模式、人际关系等的多方面转变，容易出现各式各样的心理困惑。面对学生成长的关键时期，心理健康教育工作者除传递客观的心理知识外，更需引导学生树立正确的价值观念、健康的处世态度，促进学生朝着积极的方向发展。显然，导向性是教育中必不可少的特性。

然而，心理咨询作为心理健康教育工作中的重要形式，对于"导向性"却有相反的理念。在心理咨询中，为使来访者与咨询师之间建立信任、牢固的工作同盟关系，咨询师应保持价值中立的原则，不对来访者反映的问题、态度等进行是非评判。同时以尊重为基础，非指导性地为来访者提供客观的分析及专业的借助，即不代替来访者解决问题。在咨访关系中，来访者是主导角色。

在高校的心理健康教育工作中，由于人员范围的局限性，执行主体及学生均存在角色重叠的可能。如同一名学生既是心理课程的学习者，也是心理咨询的来访者。教师也可能在心理健康课程授课教师、辅导员、心理咨询师中担当多个角色。当教师以不同的角色面对同样的学生时，工作的开展方式就存在了切换的问题。设身处地为学生提供专业协助，还是有导向性地引导学生应对问题，这成为心理健康教育工作者又一个抉择考验。

（三）冲突形成的原因

高校心理健康教育工作通过不同形式互为补充，通过各方主体相互协作，使工作的覆盖面更广、针对性更强。但事物皆有两面，工作形式及主体的多样性又是冲突形成的原因。

1. 工作性质有别

工作的性质决定着工作推进的路径。在心理健康教育中，心理健康课程及心理咨询就具有明显不同的性质。

对于心理咨询而言，"助人"是核心。在这个助人的过程中，解决什么问题、如何归因、采取何种解决方法这些都取决于来访者的抉择，因此这是"助人自助"的过程。咨询中有着以来访者为主导、咨询师为辅助的关系构成。来访者是否真正进入咨询关系决定这咨询工作的推进程度与最终效果。为了确保来访者的参与度、投入度，咨询过程需创造安全的物理环境及可信赖的人际环境，让来访者可以卸下防御来接受咨询师的帮助、直面问题。因而催生了保密原则、中立原则、非指导性原则等系列要求。

对于课程教学而言，"教育"是核心。教育是人的社会化的过程，因此教育必然反映社会的需求在这过程中，教师通过教学内容、借助教学方法，乃至通过自身行为表现来给学生予以引导，让学生适应社会并获得成长。教师在这过程中具有重要的导向作用。尽管随着教育理念的发展，特别是近年以学生为中心、翻转课堂等课程改革的推行，学生在教育中的主体作用日益显著。但心理健康课程作为公共课，较之专业课更少得到学生的关注与重视。因而，教师在心理健康课程的主导作用以及对学生的导向性影响依然明显。

工作的性质从根本上决定这工作开展的方式、理念及具体的工作准则，不同方式间难以直接共享工作路径。就如咨询不可能转变为对来访者的课后说教，教学也不可能完全由学生随心把控。因而，工作性质的区别为冲突的形成奠定了基础。

2. 角色关系的矛盾

高校心理健康教育工作中涉及多方角色，其中可分为工作主体和工作对象两类。工作主体包括授课教师、咨询师、辅导员、班主任以及代表学校统筹层面的学校角色。工作对象是以学生为主。但鉴于学生身份的特性，在服务学生的同时也需为其监护人即家长负责。因此，工作对象包含学生与学生家长两者。主体与对象这样的双方关系看似简单，但其实内部的具体角色间存在着从属、协作、冲突等多样的关系状态。

工作对象间的矛盾。从工作对象看，学生与家长是一对最亲密的矛盾体。围绕心理健康的主题，无论出于学生的自我成长，还是出于家长对学生的关爱，两者的最终目的是一致的，都是为了学生的健康成长。但面对具体问题时，双方就可能出现分歧。一方面是信息不对等造成的矛盾。由于学生在成长过程中，逐步独立于原生家庭，面对父母他们已经不是知无不言的小孩。学生有父母所不知道甚至不愿告知父母的信息，而父母出于关爱或控制的欲望想知道孩子的情况。这就造成为双方争夺信息的矛盾。另一方面是双方问题决策的分歧。成长经历、知识结构、性格特征等诸多因素让学生与家长在面对同一问题时会形成不同的决策。如同性恋的学生希望通过咨询调节自我认同，而父母则希望老师能改变学生的性取向。可见，学生与家长双方并非步调一致，他们的分歧对教师带来不一致的工作要求。

工作主体间的矛盾。从工作主体看，各角色间同时存在着协作、从属等关系。授课教师、咨询师、辅导员、班主任是心理健康工作主体的具体角色，他们在各自岗位上分别通过教学、咨询、日常关心辅导等形式，共同协作开展心理健康教育工作。而各个具体角色都归属于学校管理，他们跟学校之间又具有从属关系。协作与从属便构成了工作主体中各具体角色的关系网络。

正如前文所论述，不同的工作形式遵循着不同的工作准则。各角色间的协作与从属关系便会带来不同工作准则的碰撞。如对同一名学生，咨询师遵循保密原则以保证咨询工作的效果，但辅导员却希望咨询师共享学生心理信息以提供更好的日常帮扶，与此同时代表学校利益的管理人员为更好统筹管理而要求咨询师报告学生详细情况。可见，协作与从属关系对所遵循的准则产生挑战。

工作个体内部的矛盾。由于面对学生人数众多、专业师资力量有限，因此许多高校的心理健康教育工作者身兼多个角色，如心理咨询师同时兼顾心理健康课程讲授，辅导员兼心理咨询工作等。如此角色重叠，让教师在面对学生时不得不处理角色转换的问题，而角色间的转换又带来了工作准则的转变。如心理健康课程教师希望通过课堂传递健康正确的观念、教授有利于心理健康的方法技巧，在这背后教师所表达的观点是带有是非对错的评判。但当师生关系转为咨访关系后，咨询师又要放下评判，以价值中立的态度尊重、理解来访者。这种角色转换一方面冲击学生对于咨询工作的信任度，如学生可能认为自己的行为与老师课堂上所提倡的不一致而削弱了诉说的意愿；另一方面授课教师可能因为学生中有他的来访者而对于讲授的敏感内容闪烁其词。

综上所述，各类工作形式间性质的差异促使不同工作准则的产生，而角色关系中的矛盾则带来不同准则的碰撞，工作主体间协作、从属的关系网络更是为这种碰撞增添了难解的因素。

在心理健康教育工作多形式开展、多主体协作的背景下，协调工作准则间的冲突，关键在于明确职责边界、疏通协作关系：

第一，明确职责边界，理顺工作衔接流程。正如心理咨询师与精神科医生有明确的职责分工一样，在心理健康教育工作中，不同的工作的范围与边界也应有所明确。一方面，需明确各类工作的承接业务范围，如什么情况下可通过师生日常交流来给予帮助、什么情况下需进行正式的心理咨询等。另一方面，需明确各业务的责任边界，如什么情况下需坚守保密原则，什么情况可共享信息等。明确的职责边界有利于工作者在面对角色矛盾或工作准则的矛盾时，更好地进行决策。

在明确边界的同时，对各类工作形式建立连接的桥梁亦十分重要。首先，面对庞大的学生群体，多方协作是必要的。倘若各项具体工作相互割裂，那么心理健康教育工作的总体效果将大打折扣。其次，学生的心理状况是一个动态变化的过程，在不同阶段会产生不同的需求，因此自然会涉及不同的心理健康教育方式。因而，高校需对心理健康教育方式的转变确立相应的衔接流程，促使在职责边界明晰的情况下依据实际给予心理健康教育工作调整的通道。明确衔接流程包括，确定工作记录制度、建立工作转接流程等。

第二，加强培训，提高认识。由于心理健康教育工作者专业背景不一，对于各项工作原理、工作准则等认识程度存在差异，因而需要加强工作者的准则意识。除开展工作技能型培训外，应加强心理健康教育工作者对于工作原理、工作准则的学习。让各个岗位的工作主体既能理解自身工作要求，也能理解其他工作岗位的工作准则，便于在协作过程中的衔接。

第三，制度辅助。明晰各类心理健康教育工作的职责边界、明确伦理准则是推进工作有效开展的最有力的基础。而这些最终均需通过制度的建设来实现。因此，推进高校心理健康教育工作的进一步发展，高校需进行制度建设，将各项工作职责、流程及伦理准则进行明晰，并建立协调监督机制。让心理健康教育工作者不仅仅依据自身的认识来进行工作，更是能有制度可依，有制度保障。

总之，心理育人理念的提出，给出了高校心理健康教育发展的前进方向，只有将心理健康教育渗透到高校的一切教育活动中，将从上而下的指导教育转变为自下而上的需求教育，才能走出目前高校学生心理健康教育的困境。

第三节　高校学生心理健康教育的目标、原则、内容

一、高校学生心理健康教育的目标

近年来，大学生因心理问题、精神疾病等原因伤害自己或他人的案例时有发生，呈上升趋势。面对大学生日益增多的心理问题，不断提高大学生心理健康水平和心理素质，培养德智体美全面、和谐发展的社会主义人才显得尤为迫切和重要。我国高校心理健康教育工作从 20 世纪 80 年代开始至今已有近 40 年的时间，课程教学因其知识传播覆盖面广、系统性强等优势，被高校普遍认为是开展心理健康教育的重要途径之一。本节主要探讨我国高校心理健康教育课程教学目标的设置与功能，进而有效促进心理健康教育课程的实施。

（一）高校心理健康教育课程教学目标的设置依据

心理健康教育课程教学目标是指一定时期内该课程所要达到的预期效果，是心理健康教育课程建设的出发点和归宿，规范着心理健康教育课程的教学方向，指导着课程的教学内容、教学方法、教学手段、课程评价等。"教学目标的确定是课程教学设计的首要环节。"

1. 科学有效的教学目标

教育部办公厅思政厅〔2011〕5 号文《普通高等学校学生心理健康教育课程教学基本要求》明确提出："高校学生心理健康教育课程是集知识传授、心理体验与行为训练为一体的公共课程。课程旨在使学生明确心理健康的标准及意义，增强自我心理保健意识和心理危机预防意识，掌握并应用心理健康知识，培养自我认知能力、人际沟通能力、自我调节能力，切实提高心理素质，促进学生全面发展。"文件中明确了课程的具体目标，也对课程目标作出具体解读，即实用性和可操作性。心理健康教育课程的教学目标最终目的是为了达到课程总目标。

2. 合理全面的教学内容

实现课程目标、提高教学质量的核心与基础是选取合理的课程内容。大学生心理健康教育课程的主要任务是使学生明确心理健康的标准及意义，增强自我保健意识，掌握并应用心理健康知识，培养自我认知与调节能力、人际沟通能力、切实提高心理素质，促进学生的全面发展，从而也决定了该课程的教学内容。比如情绪管理的教学目标是帮助大学生了解自身的情绪特点，学会自我调控情绪；生命教育与心理危机应对的教学目标是帮助学生正确认识生命，尊重与珍爱生命，学会预防心理危机，维护自身及他人的生命安全。

3. 学生内在心理需求

通过课程途径可以有效帮助大学生树立心理健康意识，健全自身人格，优化心理品质，预防和缓解心理问题，增强社会适应能力。不同年级学生的心理发展需求不同，心理健康

教育课程的教学目标也不同。比如，大一新生面临较多的是各种适应问题，设置的教学目标就是帮助学生适应大学的学习、生活方式的变化、培养良好的社会适应能力。而大四学生面临的主要是就业问题，教学目标就是教会学生如何对职业生涯进行规划、树立正确择业观。

4.当代经济社会发展的需要

随着我国经济飞速发展，市场竞争越来越激烈，面临的学习、就业、经济、人际交往、情感等方面的压力越来越大。然而社会对其也提出了更高的要求，如较强的心理承受力、独立性、合作性、创造性等。面对大学生日益增多的心理问题和大学生心理素质亟待提高的严峻形势，加强高校学生心理健康教育，不断提高大学生心理健康水平和心理素质，培养德智体美全面、和谐发展的社会主义人才显得尤为迫切和重要。

（二）高校心理健康教育课程教学目标的设置原则

1.科学性原则

坚持教学目标的科学性是提高心理健康教育实效的必要前提，也是对心理健康教育工作者的职业要求。心理健康教育课程教学目标的设置要坚持科学化与合理化，与教学内容相匹配。教师也必须以科学严谨的态度进行教学，切忌主观性和片面性。

2.针对性原则

要从当代大学生的实际出发，针对心理健康教育课程内容进行教学目标的设置。要注重有针对性地选取不同的教学策略、教学步骤和教学方法。从而更好地帮助大学生掌握科学的心理健康知识，优化心理品质，增强社会适应能力，提高健康水平，促进德智体美等全面发展。

3.主体性原则

要达到心理健康教育的教学目标，必须以学生为主体，使其积极投入到活动体验之中。因此，作为教师既要充分重视学生的主动性，又要通过多种方法与途径激发和维持学生的主动性，学生主动参与到课程教学中来，实现教学相长。

4.发展性原则

心理健康教育课程是以发展为目标的课程，最终目标是培养学生全面发展、提升心理素质。课程实施目的是解决学生在发展过程中遇到的各种心理困扰，教学目标要根据学生的实际情况，以发展的眼光设置，有效促进学生全面发展。

5.系统性原则

教学目标设置要遵守系统性原则。系统性是教学的根本原则之一，不论是在教学内容的选取还是教学目标的设置，都要遵从学生的身心发展特点。人的心理本身就是一个复杂的系统，知、情、意、行是不可分割的整体，教学目标的系统性，有助于教学的有效实施。

（三）高校心理健康教育课程教学目标设置的基本步骤

教学目标设置主要包括五个基本步骤，分别是需求分析、需求类别化、目标筛选、目标分解、目标表述。

1. 需求分析

需求分析的最终目的是形成目标方向，主要来源于两方面。首先是社会的需求，即社会对人才的要求决定教育对人才培养的方向，这种要求往往是通过课程目标、教学目标等形式体现。其次是学生的需要，比如深入全面地了解学生对教学内容、教学方法、教学手段、学习困境、学习态度等方面的需要，进而有效设置教学目标，实现教学相长。

2. 需求类别化

需求分析只是罗列各种社会和学生主体需求，缺乏具体化和可操作性。为了进一步明确目标，必须通过类别化将各种需求转化成目标项，形成类目标。根据教育目标分类理论，把各门学科的教育教学目标按统一标准分类，使之规范化、系列化、具体化。例如，按照布鲁姆的教育目标分类理论对需求进行类别化。

3. 目标筛选

通过需求类别化所生成的目标并不是都可以作为课程教学目标，这就需要进行目标筛选，进而形成课程教学目标。首先是结合学科特点进行筛选教学目标，而且筛选出的目标也会根据学科特点有轻重之分。其次是结合教学环境和教学条件进行筛选。

4. 目标分解

经过需求类别化和目标筛选后形成的教学目标仍然是概括性的。通过目标分解，可以进一步明确目标，使目标具体化、明确化，进而形成具体目标。进行目标分解时必须结合学科的不同知识内容进行。

5. 目标表述

目标表述就是把已经确定好的课程教学目标用书面的形式展现出来，主要包括传统的内部心理表述、行为表述、结合表述等目标表述模式。在进行目标表述时应注意几点，比如教学目标表述得越具体越好；表述内容是学生的学习结果，而不是教师行为；不同课程教学目标表述不尽相同，要灵活选择恰当的表述方式。

（四）心理健康教育课程教学目标的功能

1. 课程定位功能

高校学生心理健康教育课程是集知识传授、心理体验与行为训练为一体的课程，课程旨在使学生掌握心理健康知识，增强心理健康意识和社会适应能力，促使学生全面发展，提高市场竞争力。教学目标的设置有助于教师实施多样化的教学方式，体验式教学法、参与式教学法、团体心理辅导活动法等多种教学方式的综合运用，才能使学生在心理体验中获得知识和调节方法，在实践中提高自身心理健康水平。

2. 目标导向功能

高校心理健康教育课程教学目标的导向功能主要体现在教学内容和教学方法的选择和确定。高校心理健康教育课程的最终目标是促进大学生的健康成长与发展。应根据学生的心理发展特点、提升大学生综合素质、增强大学生社会适应能力等方面，选取教学内容，使其贴近学生实际心理需求。与此同时，根据不同的教学内容选取相应的教学方法，有助于学生自我认知及调适能力的提高，有效发挥课程学习所应起到的提高大学生心理素质的目的。

3. 教学评价功能

通过对高校心理健康教育课程的教学评价，对教学内容和方法以及学生身心发展方面存在的问题，并不断调整课程体系，寻求解决问题的办法。通过评价结果，发现教学过程中哪些地方是薄弱环节，还有待进一步提高和改善等。与此同时，对教师的恰当评价也会提升教师的工作热情和积极性。由此可见，有效设置高校心理健康教育课程教学目标能够及时了解课程本身、教师以及学生主体本身存在的问题，作出科学的分析和判断，为更好地促进大学生的全面发展而提供有效服务。

4. 教学反馈功能

教学目标的设置有助于及时有效地向教师和学生提供反馈信息。首先，明确的教学目标能够为教师提供课程教学效果的参照标准。根据达到的教学效果是否符合教学目标，有利于找出未实现的教学目标的原因，使得教师更好地调整教学目标，改进教学方法，完善教学体系。其次，从学生内在需求出发设置教学目标，及时恰当的反馈能够切实有效地帮助学生提升自我意识，促进学生对自我的认识，提高自我评价能力，提升心理素质。

5. 激励功能

高校心理健康教育课程教学目标的设置有助于激励教师和学生积极参与到课程中来。首先，明确的教学目标能够有效促进教师教育教学工作的积极性和主动性。教学目标的设置恰恰为教师教学工作提供必备的衡量标尺，可以及时发现教学活动是否有利于教学目标的实现，及时了解心理健康教育课程教学效果的成败，从而不断激励教师改进教学方法，争取最佳教学效果。其次，明确的教学目标能够调动学生的积极性，满足学生的内在需求，激发学生对心理健康教育课程的兴趣，从而有效提高学习动机，并能够学以致用。

第四节　教育心理学在学生管理中的实施运用

新时代背景下，如何做好高校学生管理工作已经成为我国各大高校所重点关注的内容，传统的教育管理已经不能够满足当下的需求，应寻求新的管理模式。经过多年实践总结，发现教育管理心理学可将人类的心理活动规律作为研究主体，并充分对人的自主能动性进行充分调动，以达到提高工作效率和管理效率的目的。教育管理心理学应用于高校日常学生管理工作中，可使教育管理工作顺利展开，解决学生日常学习中的问题，与传统管理理念相比，教育管理心理学的应用使教育管理工作更加具有人性化，可掌握学生的心理状态，对学生的性格养成以及学习技能培养有着重要意义。

一、教育管理心理学的概念

将心理学与教育管理学相互融合的一个新型学科称为教育管理心理学，与心理学有所区别，教育管理心理学是一门综合学科，能够将高校管理理念，科研管理理念融入其中，最终形成一个综合性、具有现代特征的学科。将心理学成果在高校管理中应用，发掘高校学生在学习过程中所表现的心理活动与日常学习行为之间的联系，进而可实现对高校学生的有效管理。教育管理心理学可在一定程度上解决了传统教学管理中出现的问题，可提高学生学习的主动性，并能够拓宽学生的知识面，符合当代高校学生的思想追求。

二、影响高校学生心理的因素

就当下社会背景而言，对高校学生心理影响的因素有很多种，主要可将其分为环境因素和学生自身因素。由社会因素，学校因素和家庭因素共同构成了环境因素，而学生自身因素经过细分，可分为身体因素、性格因素和心理因素。

（一）环境因素

社会因素是环境因素的重要组成部分，社会因素主要是由我国经济发展情况而决定的，我国经济正处于飞速发展的状态中，全球化进程不断推进，导致市场竞争日益激烈，在此背景下，使我国就业体制和人事制度逐渐发生转变，而该转变必将对教育体制产生影响，教育体制顺应时代的发展，顺利完成市场化的变革，若学生在高校学习的理论知识不能够满足用人单位的相关需求，则会导致学生被社会所淘汰，造成就业压力，高校学生在学习过程中往往对职业生活有着过高的期待值，同时具有较高的激情和热情，学生不清楚实际情况而直接到工作中极易产生较大的心理落差，打消学生的积极性，会导致学生出现焦虑，烦躁等不良情绪，严重的情况下会出现绝望、悲观、厌世的情绪。

家庭教育因素，家庭教育环境是学生最直接接触的环境，家庭教育环境对学生的价值观，人生观、世界观产生深远影响。俗话说"父母是孩子最好的老师"，也就是说，父母的价值观与孩子的价值观有着直接联系。就我国现状而言，父母通常对孩子过于宠爱，与独生子女政策有关，独生子女的性格很容易发展为孤单、不善于处理人际关系等，家庭财富参差不齐也是导致学生心理问题的主要因素，尤其针对家庭极为困难的学生来说，极易产生自卑心理。

学校因素对学生的未来发展尤为重要，随着我国教育改革不断深入，高校更加注重对学生的品德培养，而不是一味注重学习成绩。我国高校目前普遍存在学生眼高手低，身体素质较差，缺乏实践性的现象，不能够与社会的需求相适应，该现象与学校实际教育目的相违背，这也在一定程度上导致了当下大学生就业困难。

（二）学生自身因素

近年来，关于大学生自杀的报道逐渐增多，高校学生自杀，多与学生的心理承受能力有关。就当下我国高校学生心理状况而言，我国高校学生心理承受能力普遍较差，学生长期处于娇生惯养的生活状态中是主要因素。高校生活与以往的生活有着明显的差异，以往学校学习中以学生成绩为主，而高校学习生活更加注重学生的综合能力，并由此可导致学习成绩较好的学生产生挫败感。随着我国科学技术经济技术的不断发展，社会对事物的包容性更高，学生之间的交流也更为广泛，同时也产生了一些负面影响，例如，学生之间交往的动机更为复杂，若高校学生不能够很好地管理自身的情绪，不能够正确面对生活中的困境与挫折，一旦在外界因素的刺激下，极易将矛盾激化，严重的情况下，会使高校学生出现自杀、报复他人或自我伤害的行为，这也是近年来高校学生自杀案例以及故意伤害事件增多的因素。

学生的性格以及本身的身体因素，均能够导致学生存在一系列的心理问题。当下学生可对互联网络充分利用，大学生正处于性格、习惯养成时期，不能够对信息具有较高的鉴别能力，而大量的网络信息是会对学生的人生观、价值观、世界观产生影响，要注意正面引导学生的三观。随着互联网络的普及，娱乐方式也逐渐增多，部分高校学生容易沉迷于网络游戏，造成不喜欢交际的性格，容易与社会脱离，可引发学生出现悲观的心理状态，养成自私、狭隘的性格。与其他发达国家相比，我国高校学生身体素质普遍较差，由于过度担心，家长往往忽略学生的天性，对学生的照顾面面俱到，导致学生身体素质较差，不擅长体育活动，但对家长来说能够满足学生不因运动而受伤的需求，使学生的社交能力受到影响，而高校针对学生来说，集体生活的饮食习惯和生活习惯都会出现明显改变，部分学生面对新的高校生活，会感到手忙脚乱，无所适从，加上高校较大的学习压力，往往导致学生出现心理问题，并且身体素质较差，不能够适应社会工作的需求。

三、将教育管理心理学应用于高校学生管理中

随着教育改革不断深入，高校也应改变原有的教学理念，将教育重心转变为注重学生的综合发展，不可将学习成绩作为判断学生好坏的唯一标准，应重视素质培养，关注学生的心理问题，为我国培养出更加优质的、高素质的人才。

（一）将以人为本作为基础理念

教育管理心理学认为，学生是高校教育中的主体，应对学生实施人性化的教育理念。在学生日常管理工作中，应注重刚柔兼备，以人性化为主，深入了解学生的心理状态，并对其产生的心理状态进行分析，以便更好地实施高校学生管理工作，提高管理效率。思想是支配行为的主体，而学生应将积极心理状态作为追求的目标，若学生的需求在一定程度上能够得到满足，可对学生起到激励作用，使学生在学习过程中获得满足感。将教育管理心理学应用于学生日常管理中，可了解各时间段学生的心理变化情况，根据其心理对教学

计划及时进行调整，帮助学生树立正确的三观，利于学生的动手能力以及思维能力的培养。

（二）重视学生心理变化情况，并给予心理辅导

高校学生心理问题表现日渐突出，高校应注重学生心理的问题，由于学生正处于意识、行为形成的阶段，这就要求高校在传播知识的同时，帮助学生树立正确的三观以及健康的人格。高校在学生日常管理工作中应将自信，平等的理念始终贯穿于其中，使学生能够产生集体荣誉感，并积极参与到集体活动当中。与高校学生进行有效的沟通尤为重要，在沟通过程中了解学生的心理变化、日常生活习惯，若学生沉迷于网络，存在社交恐惧的现象，此时高校应利用课堂时间展开多项集体活动，并给予一定奖励，作为引诱机制，可对学生的主观能动性起到调动作用，对鼓励学生努力社交、完善人格有着重要意义。原有的高校心理辅助机制为学生有需求，主动寻求帮助，新时期背景下，可转变为心理指导，主动出击，通过发放问卷等形式了解学生的心理变化情况，并针对存在异常的学生给予辅导，帮助学生拥有健康的心理状态。

（三）提高教师专业素养

教师是干预学生心理状态的主要执行者，一个优秀的心理辅导教师不仅要具备较强的专业技能，同时用具有亲和力，可深入学生中完成工作。心理教师的辅导，可对大学生思想政治工作顺利展开起到促进作用，帮助学生树立正确的三观，并养成良好的行为习惯。高校应加大心理辅助教师的福利待遇，并进行社会公开招聘，使心理辅导教师的专业素养得以提升。高校心理辅导教师应帮助学生树立正确的目标，目标过低却会导致学生学习懒惰，而目标过高则会使学生产生消极的态度，要根据学生的状况，不同时期建立不同的目标，使学生学习的积极性得以调动，利于学生良性发展，由此可见，高校心理辅导教师对学生的管理有着重要意义。

在新时期的背景下，教育管理心理学已经成为学生管理工作中的重要组成部分，可改善当下高校学生心理问题，能够帮助学生树立正确的三观，提高学生学习的积极性，对学生未来发展有着重要意义。

第七章　高职教育心理学在教学管理中的应用

第一节　教学管理概述

教学管理是整个高校的管理工作重心，是整个高校维持正常教学秩序、为国家输送高质量人才、提高整体教学质量的重要保障。本节对目前高校教学管理工作进行系统分析，发现问题，并及时总结。加强高校教学管理的重视，努力创新，进而提高整体教学水平和人才质量，才能真正意义上实现现代化教学管理。

随着现代社会的不断更新和发展，现代化信息教育日益突出，高校应不断更新教育理论提高教学技术，跟随社会发展的步伐，结合社会需求和人才需求，同时结合本校实际，修订和完善相关规章制度，摒弃传统教学管理中的弊端，不断探索出适合本校未来发展的教学管理模式。但种种原因导致很多高校对教学管理工作认识不具体、不充分、不重视，对新理论和新技术的掌握不到位，导致在工作运行中还存在一些问题和不足。重视对高校教学管理的研究，努力创新，进而提高整体教学水平和人才培养质量。面对目前高校教学管理中出现的各种问题和不足，应及时反思，形成书面整改意见。

一、当前高校教学管理状况及存在的问题

（一）管理理念落后

目前一些高校仍然存在落后的教学管理理念。没有根据学校的实际发展情况和学生的自身学习情况来有效的制订并修改学校或者专业的教学计划和培养方案。此外，在教学方式上，教师缺乏创新意识，缺乏积极性和主动性，从而影响教学质量。同时，学生的学习热情不够高涨，影响成绩和自身发展。

（二）管理机制陈旧

相比国外高校我国教育事业还是起步阶段，高校教学管理中还存在较多问题。高校的管理机制还受到以往经验的制约，导致管理机制僵化，不灵活。传统的计划经济体制的管理理念和管理方法严重影响着高校教学管理体制，随着高等教育的飞速发展，师生之间的教学模式没有及时革新，高校管理部门和机构设置不合理，各部门和机构的职责不够明确，

专业设置不够合理，管理机制过于陈旧和传统，严重制约高校教学管理的革新发展。

（三）管理手段落后

许多高校仍实行简单化管教学生的管理思想，沿袭传统的教育手法和教育经验，未能及时结合当前形势总结出适合我国大学教育实际需要和社会需要的管理手段和方法。导致高校教学管理思维定式的原因有很多，例如：高校管理者不思进取，不结合当下社会发展的步伐，观念不及时更新，固守以往教学管理经验，思想过于教条等。

（四）考核方式不科学

受传统高校教育教学管理的影响，有些高校仍然沿袭"老一套"的考核制度，并没有达到所要考核的真正目的，考核方式不科学、不全面。例如教学工作业绩考核测评方面，大多数高校制定的教学管理评价标准不够全面细致和客观，一定程度地过于倾向教师的科研成果，从而忽视了教师的教学成果。高校对于非专任教师尤其是行政人员的岗位业绩考核没有制订标准，缺少奖惩措施，工作质量无论好坏，都无法量化和考核，同时也缺少对基层管理人员的鼓励与关怀，导致教学管理人员缺少工作积极性，以至于对工作的方式方法缺少思考，从而影响创新性。

（五）管理人员缺乏专业素质

目前高校教学管理人员对于教学管理工作的认识普遍是通过工作传承和工作经验获得的，缺乏对教学管理的理解和专业学习，尤其是现代教育学、管理学和心理学等学科。由于缺乏专业管理素质，教学工作一般比较守旧，没有创新性和指导性，甚至没有科学变革的意识。事实上，高校并未将教学管理工作当成一项需要学习与改革的项目来执行，对管理工作的督导和研究都不到位，只要求教师主动进行管理工作的学习是不可行的。

二、高校教学管理的对策

（一）更新管理理念

首先，高校相关教学管理人员应该不断更新本校的教学管理理念，根据本校的实际情况和学生自身情况来制订本校的教学计划和培养方案，开设一些适应市场经济发展和行业需求的课程，使学生能够将学到的知识和技能运用到今后的工作中。其次，处理好教师和学生之间的平衡关系，处理好教师在教学管理中出现的问题，将教师放在首位，提高教学主动性和积极性，教授学生更多的知识和技能。最后，提供学生更多的发展平台，培养学生的自我学习意识和发挥独立创造精神。综上几点学校才能培育出更多的综合型创新人才，提高学校的教学质量，促进新型教育管理工作的发展。

（二）改善管理机制

教学管理机制的改善最好进行职权调整，将权利重心下移，明确教务处与各学院间的权利和责任，适度进行调整，适当扩大学院的教学管理权，提高学校的管理效率。如此完善教学管理机制，既能够鼓励教师和学生积极参与教学管理，调动各学院和管理教师的积极性，又可以形成管理者、学生、教师三者共同参与教学管理的新局面。

（三）优化管理手段

分类学籍管理，实行"学分制"，摆脱以往的"学年制"管理制度，修读课程可以通过学分进行测评，不同专业的课程按照不同的学分来划分，学生完成规定的课程学习后可以进行其他层面知识的接触，以此来提升学生知识层面。实践教学管理，加强推行"双师型"教师队伍建设，加强青年教师的专业学习以及管理能力的培养，参加实践活动和进修课程，提升研修能力，推进教研转型，同时由学校提供相关经费和待遇。

（四）健全考核方式

对教学管理人员进行考核，健全考核方式。在教学质量评估的过程中，充分并且合理地利用互联网，创建学生信息反馈平台，及时对学生提出的问题和建议，进行整理和采纳，客观反映出教学管理水平，不断健全教学监测体系，提高学校教学管理水平。

（五）培养专业队伍

首先，提高教学管理人员的服务水平，明确教学管理人员的职责所在，对管理工作有序完成。其次，提高教学管理人员的业务水平，在更短的时间内完成高质量的教学管理任务。最后，健全奖惩机制，激发教学管理人员的工作积极性和创造性，增加工作热情，同时产生成就感和危机感，形成自我完善体制。

教学管理是一项需要长期探索并不断完善的重要任务，它直接关系到人才培养和输出质量。要做好管理的改革工作，需要一定的方式方法和变革手段，提高学校整体的教学管理水平，学生及时信息反馈，学校系统分析问题并做出相应改进，使学生和教师具有高涨的热情，共同进步。完善学校的各项考核制度，使其更加具体化、全面化、科学化、透明化等，最终实现学校教学管理工作更快更好更稳定的发展。

第二节　教师的教学心理

心理健康教育课作为中小学心理健康教育的主要途径，在学校心理健康教育工作乃至整体教育工作中发挥着重要的作用。当前，中小学心理健康教育课虽然取得了一定进展和成效，但是仍然存在着诸多问题。笔者根据听课、观察和已有的相关研究成果，发现目前教师在上心理健康教育课时，普遍存在以下几个方面的问题：目标设置不当，表现为教学目标过于宽泛，缺乏可操作性，没有很好地体现学生的年龄特征等；活动设计不合理，表现为活动数量偏多、活动和主题一致性不强、活动流于表面热闹缺乏深度等；对于心理学基本概念掌握不准确，教育理念落后、辅导技术运用不娴熟等；学科教学味道还比较浓，知识灌输的痕迹比较明显，学生主体作用发挥不够。

造成上述问题的原因主要有：目前，心理健康教师组成比较复杂，虽然有一定数量的专职教师，但是兼职教师占了大部分，很多教师习惯于语文、数学等学科课程的教学模式，对于心理健康教育课的特点和规律把握不好；没有全国统一的课程标准和教材，教师很难把握心理健康教育课的教学方法和有效性标准，因此，呈现出五花八门、各式各样的课程教学形式，科学性和有效性欠缺；缺乏有效的评价标准，这导致心理健康课的质量无从评鉴，也导致教师上课的随意性比较大。我国现行的《中小学心理健康教育指导纲要》是2012年提出的，只是在阶段和层次上提出教育内容和途径方法的一般要求，没有形成这门课具体的课程标准。

一、心理健康教育课的特点

（一）主体性

一个比较完善的学校教育体系应该提供给学生三个方面的知识，即关于自然的知识、关于社会的知识和关于自己的知识。语文、数学、科学等学科课程解决的是前两个方面的问题，是以传授科学文化知识、发展学生智能、促进学生个性和谐发展为主要目的。心理健康教育课程解决的是最后一个问题，即帮助学生进行自我探索，认识自我、调节自我、悦纳自我、完善自我，并学会解决自己成长中的各种问题。

上述这些关于自己知识和能力的获得并不是靠教育者的灌输和说教实现的，而是靠学生自己发现问题，找到解决问题的办法实现的。学生只有通过自我探索，才会获得经验，得到真正意义的成长。如果学生缺乏自觉性和主动探究精神，只是被迫、被动地接受教育，这就成了"牛不喝水强按头"，其结果可想而知。

（二）体验性

心理健康教育的目标是解决个人自身的问题，需要以个体经验为载体。一般来说，活动是心理健康教育课的主要组织形式。活动一般以小组为单位，根据学生的年龄特点进行设计。心理健康教育课是以学生为中心，以活动为载体开展的，但是活动不是目的，我们追求的不是活动本身，而是借助活动来丰富学生的内心世界，让学生在认知的基础上获得情感体验和思维碰撞，促进心理品质和心理能力的发展。

（三）以自助、互助为机制

心理健康教育的内在规律是"他助—互助—自助"为机制的教育过程。换言之，心理健康教育是一种"助人自助"。学生首先是受助者，然后是助人者，终成自助者。在这个过程中，学生首先将其在"他助"与"自助"中学到的经验内化为自己的人生技能，通过增进自信与自尊体验从而实现"自助"，进而达到自我完善和发展。

二、高效教学视角下心理健康教师教学行为的转变

（一）活动目标：从模糊、抽象向具体、可操作转变

课程目标是心理健康教育课本身要实现的具体目标，是教学内容的选择，教学方法的运用依据。一些教师在表述心理健康教育目标时，常常过于空泛。如在一堂九年级的题为"我会记忆有方法"的课中，有的教师把教学目标设定为"开发学生心理潜能，促进学生身心可持续发展，为学生健康成长和幸福生活奠定基础"，这样的目标表述几乎可以适用于所有心理健康教育课，非常缺乏可操作性。类似上述的教学目标表述过于模糊和笼统，缺乏可操作性。因此，设置教学目标时，教师要善于把抽象的概念具体化为活动中可以训练、培养和设定的目标，教学目标宜"小而实"，不宜"大而空"。目标的表述尽量避免出现诸如"提高学生的心理素质""培养学生良好的心理品质""培育学生的核心素养"等抽象性、概括性过高的字眼。

心理健康教育课中怎样设定教学目标呢？下面几位教师的设计可以提供启示和借鉴。有的教师在七年级题为"会说话的眼睛"一课中，把目标设定为"学习解读眼神中的丰富含义，认识眼神沟通的重要性，掌握人交流时如何运用好自己的眼神，树立与人交往的自信"，这样的目标设置就非常具体，在一节课时间内也比较容易完成；在一堂小学五年级的题为"有话好好说"的心理健康教育课中，有的教师将目标设定为"让学生认识、体会到言语不当会对他人造成心理伤害，对友谊的发展形成阻碍，有主动表示友好、化解矛盾的欲望和尊重、理解、宽容的心态，了解、掌握一些方法技巧，引导学生探索心平气和与人沟通的技巧，形成好好说话的反应范式"，这样的目标表述就比较恰当。

（二）活动：从"浅、松"向"深、紧"转变

1. 从"浅"向"深"转变是指从为了表面热闹而设置活动向能触动学生情感和心灵的有深度的活动转变

心理健康教育课的活动应该能够改变学生的认识，引导学生将活动中获得的认知、感悟或技能拓展到其他生活情境中。在一堂高一年级的题为"畅想人生"的心理健康教育课上，首先开始的活动是"我的生命线"，教师从"人的一生"出发，启发学生开启思考人生的模式，引导学生进行人生的畅想。学生先是自己在生命线上标注出自己人生的重大事件和预计发生的时间，并在全班分享。有的学生表示不同生命阶段会有不同的任务，20岁之前目标是学习、尝试，20～30岁的目标是学习独立生存，自力更生，30～40岁的目标是工作，还要热爱生活，陪伴家人，50岁以上的目标是聚会。然后，学生们在组内讨论生命线中的规律与差异，并在全班分享。有的小组概括出"人类繁衍、学习工作、旅行养老"等共同的规律；有的小组发现了学习时间不同（有的整个人生都在学习，有的只存在于上学的阶段）、结婚时间不同、志向不同、寿命预期不同等方面的差异。

之后，教师运用"生涯彩虹图"这一生涯知识的补充，让学生完善和修改自己的生命

线。教师讲解生涯彩虹图之后，学生们认识到应该考虑顺应社会时代变化，对未来有新的思考。在教师的引导下，学生深入理解、体会当下的责任和任务，将自己的生命线取回，并进行补充和完善，在全班分享。学生上台修改自己原先的理想，绘制出自己生命线的新版本。有的学生表示：先把学习搞好，砥砺前行，未来会有很多美好的事情，但是现在需要努力学习。还有的学生表示：有条件先环游世界，感受不同风土人情，之后做自己真正喜欢做的事情。

本课的分享和辅导环节环环相扣、紧贴主题、不断深入，学生在参与过程中获得了情感的共鸣和思维的碰撞，实现了互助与自助。本堂课是一堂比较成功的心理健康教育课，也是一堂颇能体现高效教学之深度学习的课。

2. 从"松"向"紧"转变是指活动从结构松散、多中心、多主题向中心突出、结构紧凑转变

当前，心理健康教育课中存在这样一种倾向，活动越多越好，有的课甚至就是几个活动的简单拼盘。有的教师在一堂七年级的生涯规划课上，从头到尾设计了大大小小 5 个活动。几个活动看起来热热闹闹，但是活动之间联系不密切，主题不突出，学生难以从中获得预期的发展。

有的教师对活动的处理就很科学。在一堂题为"认识并塑造自我"的课中，首先，通过图片引出热身活动，启发学生思考"我眼中的我与他人眼中的我"以及"现实中的我与理想中的我"；紧接着，进行活动一"秀出现在的我"，通过活动，引导学生进行自我探索；接着，活动二"品味关系中的我"，认识不同角色里的自我特征；然后，活动三"探索成长中的我"，通过交流分享，展开探索活动。最后点题总结，对自我进行重新认识和塑造，进行活动四"塑造更好的我"。

整堂课活动设计环环紧扣，重点突出，紧密围绕认识并塑造自我这一主题，从了解昨天的我、认识今天的我、追求明天的我、不断实现自我完善几个方面层层深入，引导学生树立积极的自我认识，学会正确认识和评价自己，更加积极地塑造自我。

（三）过程：从重预设向重生成转变

教学预设是整个教学活动的起点和指南，它确定了活动目标、主题以及实现目标的途径和方法，可以使教学活动有条不紊地进行。一个好的预设总是符合一定的目的，可行可检，能发挥协调作用。新课程改革背景下，高效教学强调生成，强调课堂教学是根据学生实际需要不断调整的过程，是具有生成性的课堂。在心理健康课活动中，预设是必不可少的，心理健康教育课不能没有"剧本"，但是绝不能"照剧本演"。

在心理健康课教学过程中，存在这样一种倾向：教师总是习惯于把自己放在活动课的主导位置上，在课前预设了很多活动情景，并引导学生进入自己心中预设的情景，期待自己预料的回答，对于预设之外的情景和学生的回答，教师常常不能顾及学生的感受或者生硬地转入下一个预设内容，导致师生活动产生分离。

学生作为活生生的个体，具有独立的思想、行为，客观上，教师不可能完全预料到学生的想法、言语、动作，活动的结果及产生的问题，这就决定了心理健康教育课具有很强的生成性和动态性。对于活动过程生成源源不断的生动资源，教师正确的做法是及时地加以关注、恰当引导，这样将产生超越原有预设的效果。

（四）理念：从重知识灌输到重情感体验、内化生成

教育理念是教师设计课程的指导思想和设计指南，反映了教师的理性思考。从某种意义上讲，心理健康教育课首先是一种理念，而不是技巧，理念第一，技巧第二。

丰富多彩的活动、训练有素的技巧、制作精致的课件都只是辅导过程的保障和辅导理念的载体。他们固然必不可少，但如果理念发生了偏差，再生动活泼的形式，再成熟的辅导技巧，再炫目的多媒体设计都将失去原有的迷人光彩。一些活动之所以失败，根源在于只注重形式而忽略甚至失去了理念的深邃与引领，成败在于理念，能否促进学生成长也在于理念。

启发学生自我体验，唤醒学生自我意识，促进学生自我发展是心理健康教育课的目标。学生是教育的主体，其心理感受与体验与其生活范围和知识经验密切相关，成人不能想当然地去帮他们体验，或站在成人的角度，以成人自己的体验去估计。

（五）专业味：从有形到无形的转变

专业味是指心理健康教育课的高度或称精准度，主要看教师的专业性。关于心理健康课要不要有专业味或者说是心理味一直是困扰基层教师的一个问题。主张要有心理味的教师认为，心理健康课的概念必须准确，方法技术要科学，这一切都要求教师自身具有较完备的心理学知识，心理健康课必须有心理味才能保证教学的科学性以及目标的真正落实；反对的教师则认为，心理健康课不是大学心理学专业课，不是心理知识的普及课，心理味过强冲淡了其教育性。

因此，中小学心理健康教育课恰恰要求避免太多的理论和术语，避免将其作为心理学知识普及和心理学理论的教育，而是要求除了杜绝知识性和科学性的错误之外，整个课堂推进过程必须体现心理学的原则和规律。看一个教师的专业性，要全面看其目标设置是否恰当，核心概念是否有偏，内容选择是否有误，活动设计是否科学，起承转合是否流畅，乃至一言一行是否对学生进行正向引导。因此，一堂高效的心理健康课的心理味是由内而外散发出来的隐性教育，而不是"言之必用术语"的显性教育。

高效教学要求以新的教学模式来替代以往传统的教学模式，教师不断转变、提升自己的教学思想，不断优化心理健康教育的教学模式与方法，是心理健康教育内涵式发展的必然要求。

第三节　教育心理学在教学管理中的实施运用

　　教育心理学的主要内容是将教育学和心理学的重点进行归纳总结，从而引申成为教育心理学这个学科内容。当前高职院校在深化改革的过程中，着重利用教育心理学的教学内容来引导学生，帮助学生树立科学的人生观和价值观，并对他们的行为进行规范化的改进。本篇文章针对当前教育心理学在高职教学过程中的具体应用情况做出了分析，从而促进教育心理学在教学过程中的作用能够更好地发挥。

　　随着当前教育事业的进步和发展，教育心理学的应用范围不断地扩展，同时教育心理学的自身理论内容也在不断地拓展和深化。教育心理学在充分体现以教育学和心理学等学科理论兼收并蓄的基础上，还吸收了一些实际的应用理论，将教育心理学的学科内容不断地进行充实和完善，从而更富有成效地应用于实际的教学过程中。教学实践表明，教育心理学的应用可以有效地帮助教师和学生学习高职的有关知识，以正确的态度来对待教学管理，而实际教育教学的进步也丰富了教育心理学的相关内容。

一、高职院校中学生的特点及进行教育心理学教育的意义

（一）高职院校中学生的特征

　　随着社会的不断进步和发展，当前对于人才的需求也在不断增加，尤其是一些专业的复合型人才，因此很多高校采取了扩招的措施。但是很多院校所招收的生源背景和自身水平有较大的差异，因此给院校的管理等方面带来了不小的难题。高职院校的很多学生和普通的学生相比，不仅具有学生普遍存在的问题，同时也有一些属于高职院校学生自身的特点。只有将学生的特点掌握清楚，才能够更好地开展各项管理工作。

　　首先，高职院校招收的学生来源和大多数的高校存在一定差异，高职学生之中有很大一部分是来自中职院校以及职业高中等，甚至还有一部分的初中学生，由于学生的来源比较广泛，学校对于学生的实际情况的了解程度也就有所欠缺，造成了学生类型和培养多样化的局面。同时很多学生自身对于院校的学习和培养内容存在抵触的心理，不愿意积极地学习文化知识。这些学生在进入高职院校学习之前，自身的文化知识体系比较杂乱，对于各个学科所掌握的知识内容并不扎实，因此在高职学校中他们没有自主学习的积极性，不利于更好地开展新的阶段的文化和专业课程的培训。

　　其次，根据当前对于高职院校学生的了解情况来看，有相当一部分的学生存在一定程度的自卑感。由于很多学生是在中职院校以及技校等学校中进入高职院校学习的，因此他们会感觉自己不如进行高考的一些学生，在意识中对自己的未来没有信心。不仅如此，很多同学看到周围的同学也没有积极向上的精神，就会感觉自己在高职院校之中没有存在感

和上进心，最终影响了他们自身的学习和工作。虽然在各项法律法规之中对于职业高中的办学和教育等行为给予了肯定和鼓励，但是社会之中仍然有一部分人员和公司对于从高职院校之中培养出来的学生存在偏见，这也从侧面加深了高职院校学生的自卑感。

（二）在高职院校中进行教育心理学教学的重要性

教育心理学是吸收了教育学和心理学核心理论而形成的一门学科，能够更好地指导日常教育教学中出现的一些问题。在高职院校之中，教育心理学的主要负责对象为高职学校的学生和教师，因此只有加强对他们的引导和教育，才能更为科学地开展日常的教学活动，帮助学生了解更多的专业知识。高职学校的教学计划中将培养学生的专业技能和动手技能放在首要位置，因此怎样激发学生的动手实践能力，成为当前教育心理学关注的重点问题。只有将教育心理学的相关理论和学生的日常实践学习活动相结合，才能掌握好教学和学生学习的规律，针对学习中出现的问题进行指导，发挥教育心理学的作用。在长期教学实践过程中，教育心理学的理论及实施会更加完善，成为解决教育教学问题的重要依据。

二、教育心理学在高职教学管理中的应用

（一）加强对高职学生的心理关注和教育

根据教育心理学的相关理论，可以将学生学习中的实际心态分为心理障碍以及心理疾病等范畴，根据学生的实际情况我们需要选择相应的教育心理方法来对他们进行开导。造成高职学生不愿意主动积极进行学习的因素比较多，比如家庭方面的原因，会使得他们缺乏一个相对安静的学习环境，因此对学习内容丧失了兴趣；同时还有社会因素的影响，社会之中对于一些基础不好的学生本身存在一些偏见，而在工作求职的时候则更为明显，因此造成了学生深深的自卑感，对学习这个事业不能更加专注。

除了一些外界因素的影响之外，很多高职院校的学生自身的问题也不能忽视。很多学生在初中及高中阶段的学习成绩就不好，因此长期的学习压力带给他们的负面影响也不利于他们开展新的学习阶段。因此，教师应该在了解他们实际学习情况的基础之上，增加和学生之间的交流，在精神上和学习上给予更多的关怀和帮助。同时，教师也可以定期组织同学们进行心理咨询的活动，及时掌握学生的思想动向，对他们进行心理方面的辅导。

（二）利用教育心理学的相关内容管理班级

高职院校的班级构成中包括学生学习目标以及班级共同目标等，因此只有学生和班级实现共同的目标，才能真正实现教育事业的进步。一个管理良好的班集体之中，学生能够自觉遵守各项规章制度，同时也可以积极完成学业，和大多数同学一起进行学习任务。班集体的生活能够较好地帮助同学们形成一种积极团结的性格和心态，帮助他们从自身开始改变，最终赢得各个方面的尊重。对于一些表现比较好的学生，教师可以将他们树立为学习榜样，督促班级的其他同学进行模仿和学习，实现共同的进步。向优秀的榜样学习是高

职学生进行自我转变的首要步骤，如果同学们能够顺利地完成，就可以更好地实现教育教学方面的进步。利用教育心理学的相关知识对同学们的模仿和学习行为进行引导，可以帮助他们更加积极地投入到班级学习之中，不断地提升个人水平。

（三）利用教育心理学激发学生的学习动力

在高职教育教学过程中，一个重要的教学目标就是提升学生的学习成绩，掌握更多的专业知识和技能，因此使用教育心理学的相关知识内容来促进学生更好地学习，是当前教学过程中所面临的重点任务。根据心理学中有关学习需求的规律来看，只有人们对于社会知道了解的越多，才能对自己的未来和生活有更高水平的规划，同时对自我要求的提升也会对学习产生良好的影响，不断督促自身完成学习的目标。因此，高职教学管理中可以帮助学生了解学习的重要意义，创造良好的条件帮助他们进行学习和实践，更熟练地掌握专业知识。学生在学习中遇到不懂问题的时候，则可以给予一定的帮助和支持，比如教师可以和学生共同探讨怎样解决这个问题，或者组织同学们共同讨论找到解决方式，最终及时地解决在学习中遇到的困难。当他们完成了学习任务和目标的时候，则需要给予他们积极的肯定，激发他们自身学习的动力，实现长远的学习目标。

综上所述，当前高职院校所培训的人才多为实用型的人才，因此更加需要高职院校对他们进行思想方面的培训，利用教育心理学的相关理论对他们进行科学的引导。为了更多更好地培养出优秀的高职专业人才，符合社会发展的要求，我们需要继续在教育教学领域落实教育心理学的相关教学实践内容，使得当前的高职教育实现更好的发展。

参考文献

[1] 李宪芹 . 高职院校大学生心理健康存在的主要问题及成因分析 [J]. 承德职业学院学报 .2007（02）：12-14.

[2] 王世伟，马海珊，李阿特，林静 . 积极心理学视野下的高校心理健康教育模式建构 [J]. 中国校外教育，2019（12）：90-91.

[3] 罗新兰 . 大学生心理健康教育 [M]. 杭州：浙江大学出版社，2014：8.

[4] 房宏驰，王惠 . 心理学视角下高职院校体育教学改革的思考 [J]. 教育现代化，2019，6（50）：33-34.

[5] 翟亚丽 . 论家庭因素对大学生心理健康状况的影响及对策 [J]. 卫生职业教育，2015，33（03）：154-155.

[6] 郝颜 . 职业院校大学生心理健康不良的产生原因分析及对策 [J]. 课程教育研究，2019（15）：34-35.

[7] 向芬 . 大学生思想政治教育与心理健康教育的整合——基于协同视域 [J]. 学理论，2016（07）：248-249.

[8] 贾宝莹 . 高校大学生网络心理健康教育与创新咨询方式研究 [J]. 科教文汇，2019（02）：157-159.

[9] 黄欣荣 . 大数据时代的思维变革 [J]. 重庆理工大学学报：社会科学，2014，28（5）：13-18.

[10] 张艳 . 高校贫困生心理问题分析与救助 [J]. 江苏高教，2012（01）：133-134.

[11] 高兰英，温静雅 . 艺术公选课与大学生心理健康教育的关系初探 [J]. 美与时代（下），2019，（06）：58-60.

[12] 林崇德 . 积极而科学地开展心理健康教育 [J]. 北京师范大学学报（社会科学版），2003（1）：31-37.

[13] 李丽 . 开展积极心理健康教育的方法探析 [J]. 安徽电子信息职业技术学院学报，2008（5）：92-93.

[14] 马存燕 . 大学生主观幸福感的调查研究 [J]. 中国健康心理学杂志，2008（11）：1209-1210.

[15] 张倩，郑涌 . 美国积极心理学介评 [J]. 心理学探新，2003（3）：2.

[16] 向前 . 积极心理学视角下的发展性心理健康教育 [M]. 北京：中国书籍出版社，

2014：2.

[17] 郑雪.积极心理学 [M].北京师范大学出版社，2014：3.

[18] 邵迪，罗骁.基于积极心理学视域的大学生心理健康教育研究综述 [J].品牌（下半月），2015（1）：213.

[19] 马喜亭.高校积极心理健康教育模式探索 [J].北京教育·德育，2011（574）：13.

[20] 彭梅.积极心理学视野下大学生心理健康教育研究 [D].哈尔滨：黑龙江大学，2014：31-38.